Israel Finkelscherer

**Mose Maimunis Stellung zum Aberglauben und zur Mystik**

Israel Finkelscherer

**Mose Maimunis Stellung zum Aberglauben und zur Mystik**

ISBN/EAN: 9783743356214

Hergestellt in Europa, USA, Kanada, Australien, Japan

Cover: Foto ©ninafisch / pixelio.de

Manufactured and distributed by brebook publishing software (www.brebook.com)

Israel Finkelscherer

**Mose Maimunis Stellung zum Aberglauben und zur Mystik**

# MOSE MAIMUNIS
## STELLUNG ZUM ABERGLAUBEN UND ZUR MYSTIK.

# INAUGURAL-DISSERTATION

ZUR

ERLANGUNG DER PHILOSOPHISCHEN DOKTORWÜRDE

DER

HOHEN PHILOSOPHISCHEN FAKULTÄT DER UNIVERSITÄT JENA

VORGELEGT VON

## ISRAEL FINKELSCHERER

AUS BRODY.

BRESLAU.
DRUCK DER SCHLESISCHEN BUCHDRUCKEREI, KUNST- UND VERLAGS-ANSTALT
V. S. SCHOTTLAENDER.

SR. HOCHWOHLGEBOREN

# HERRN HEINRICH NIRENSTEIN

IN WIEN

SEINEM VEREHRTEN GÖNNER

IN DANKBARKEIT ZUGEEIGNET.

# Einleitung.

Seit den ältesten Zeiten sehen wir bei allen Völkern in ihren religiösen Anschauungen neben dem reinen Glauben den Aberglauben einhergehen. Eng an den Glauben sich anschmiegend, trägt gerade der Aberglaube, scheinbar ein höher potenzierter Glaube, doch wie kaum ein anderes Moment zur Verminderung der Innigkeit des Glaubens und zur Abschwächung des religiösen Gefühls bei. Fragen wir uns, was eigentlich Aberglaube ist, wo das Gebiet des Glaubens aufhört und das des Aberglaubens beginnt, so ist eine Antwort auf diese Frage nicht leicht zu geben. Die Grenzen fliessen so ineinander, dass im Leben eine präcise Scheidung schwer möglich ist. Es sind denn auch thatsächlich die Definitionen des Begriffes „Aberglauben" mannigfach und verschieden,[1]) zumal die Stellung und subjektive Anschauung dessen, der die Definition aufstellt, gerade bei diesem Begriffe einen wesentlichen Faktor bilden mussten und wirklich bildeten. Die herrschende Anschauung der Zeit ist bei der Bestimmung dessen, was Aberglaube ist, von besonderem Einflusse. Während die eine Zeit den Glauben an Teufel und Hexen für Religion erklärt, fasst eine andere selbst die erhabensten Satzungen der Religion als Aberglaube auf.[2]) Wir wollen uns daher hier auf die Anführung der Kantischen Definition des Aberglaubens beschränken: „Der Aberglaube ist das Vorurteil, sich die Natur so vorzustellen, als sei sie den Regeln nicht unterworfen,

---

[1]) Vgl. die Definitionen in Herzog und Plitt, Real-Encyklopädie für protest. Theologie. Leipzig 1877, I. Art. Aberglaube; Wetzler und Welte, Kirchenlexion, Freiburg i. Br. 1882. I. S. 55; ferner bei Simar, Der Aberglaube, Köln. 1878, Pfleiderer, Theorie des Aberglaubens. Berlin, 1872. S. 6.

[2]) Vergl. z. B. Philosophische Geschichte des Aberglaubens, hrsg. von dem Verfasser des Hierokles. Cölln 1796 und S. H. Reuter, Das mächtige doch umschränkte Reich des Teufels. Lemgo 1715.

die der Verstand ihr als sein eignes wesentliches Gesetz zu Grunde legt."¹)

Das Verhältnis des Glaubens zum Aberglauben bildet namentlich in den Epochen regerer innerer Entwickelung, in denen Religion und Philosophie sich begegnen und auf einander einwirken, den Gegenstand lebhafter Erörterung. In der religionsphilosophischen Litteratur des Mittelalters tritt diese Erscheinung besonders zu Tage. Die Religionsphilosophie erblickt ihre höchste Aufgabe in dem Nachweise der Übereinstimmung zwischen Glauben und Wissen und sucht ihr Endziel in der Vereinigung des religiös Überlieferten mit dem philosophisch Erkannten.²) Damit ist ihr ein Doppeltes zur Pflicht gemacht. Sie hat erstens zu zeigen, was wissenschaftliche Überzeugung in Bezug auf religiöse Überlieferung lehrt, und zweitens abzuwehren, was dieser Überzeugung widerspricht als Aberglauben oder Unglauben. Die Aufgabe der Religionsphilosophie besteht demnach nach der positiven Seite hin in Bildung eines organischen Systems,³) das die Vereinigung der Philosophie und Religion als Endziel aufzuweisen hat; nach der negativen hin in dem kritischen Bestreben des Ausscheidens und Abwehrens desjenigen, was dieser Übereinstimmung zuwiderläuft, als Aberglauben oder Unglauben. In wie weit die letztere Aufgabe von Maimuni⁴), dem bedeutendsten jüdischen Religionsphilosophen des Mittelalters gelöst worden ist, soll im Folgenden dargestellt werden.

Moses b. Maimun aus Cordova (1135—1204) stellte sich in seinem religionsphilosophischen Werke „Führer der Irrenden" (Dalâlat al Hâïrin, More Nebuchim) diese doppelte Aufgabe. Dass Theologie und Wissenschaft für ihn identisch sind, ergiebt sich aus seiner Definition des Glaubens, welche lautet: „Nicht die blosse Behauptung, sondern die mit der Erkenntnis in der Seele verbundene Überzeugung, dass es sich auch so verhalte, wie man etwas sich vorstellt, macht das Wesen des Glaubens aus... In Wahrheit kann von Glauben nur nach vorhergegangener Erwägung die Rede sein,

---

[1]) Kritik der Urteilskraft S. 158.
[2]) cfr. Stöckl, Gesch. d. Philos. d. Mittelalt. (Mainz 1864), B. I, S. 9.
[3]) Über Systembildung in der mittelalt. Philos. vgl. Stöckl, das. S. 7; Ritter, die christlich. Philos., Göttingen, 1858, B. I., S. 173 ff. 186 ff.
[4]) Über ihn vgl. Graetz, Gesch. d. Jud., VI., S. 310—387 und die dazu gehörigen Noten; Abr. Geiger, Moses b. Maimon, Rosenberg 1850; Rosin, die Ethik d. Maimonides; Überweg, Grundriss d. Gesch. d. Philos. II. 7. Aufl. bearb. v. Heinze. Leipzig 1886, S. 208 u. 217 ff.

denn erst die Überzeugung, dass das, was der Verstand denkt, auch ausser ihm in der Wirklichkeit sich so verhält, wie er es sich gedacht, macht das Wesen des Glaubens aus. Den Namen Wahrheit verdient aber der Glaube nicht eher, als bis das klare Bewusstsein sich mit ihm verbindet, dass sein Gegenteil schlechthin unmöglich ist, eine Widerlegung desselben von Seiten des Verstandes überhaupt nicht vorhanden sein, ja auch nur die Möglichkeit seines Gegenteils vernünftigerweise nicht angenommen, werden kann." [1]) Mit dieser Definition erklärt Maimuni, dass es einen religiösen Glauben aus nicht zureichenden Gründen nicht gebe, dass Glauben und wissenschaftliche Überzeugung identisch sind. Es ist offenbar, dass diese Definition nicht zutrifft. Religiöser Glaube ist etwas ganz Anderes als durch philosophische Reflexion übermittelte Überzeugung und die Aufgaben beider [2]), die neben einander bestehen [3]), verschieden. Wenn aber auch sachlich Maimunis Definition nicht richtig ist, so ist sie doch im hohen Masse belehrend für seine Stellung zum Aberglauben. Denn sie zeigt uns, dass nach ihm, jede religiöse Meinung, die nicht vor dem Richterstuhle des strengen wissenschaftlichen Denkens bestehen kann, jede Vorstellung auf religiösem Gebiete, deren Gegenteil auch nur denkbar ist, Aberglaube oder falscher Glaube sein wird. Wie für ihn richtiger Glaube wissenschaftliche Evidenz (Überzeugung) ist, so ist ihm Aberglaube Thorheit und Unwissenheit, mit welchem Ausdruck er auch den Aberglauben bezeichnet. [4])

---

[1]) More Nebuchim p. I. c. 50; Munk, Le Guide des égarés p. 179, 181 cfr. Kaufmann, Gesch. d. Attributenlehre in der jüd. Religionsphilos. d Mittelalters von Saadja bis Maimuni. Gotha 1877, S. 372 ff.

[2]) Cfr. Ritter, l. c. 28 ff.

[3]) Vgl. Herbert Spencer, System der Philosophie. Band 1. Grundlagen der Philosophie, deutsch v. Vetter, Stuttgart 1875, S. 17.

[4]) Cfr. More I, Einleitung, 1, 62; II, 25. 29. 30.; III, 29; Le Guide, I 15, 278. II, 197. 213, 248; III, 223, 228. u. v. a. St.

# Maimunis Ansichten über Aberglauben.
## Entstehung, Ursache und Verbreitung des Aberglaubens.

Maimuni nennt drei Quellen, aus denen unsere Erkenntnis fliesst; nur was sich unter diese drei Kategorien unterbringen lässt sei glaubwürdig. Die erste Kategorie umfasst alles, wofür sich ein exacter Vernunftbeweis führen lässt (מפני הדעת), wie es in der Arithmetik, Geometrie und Astronomie der Fall ist. Der zweiten Kategorie gehören diejenigen Dinge an, deren Kenntnis uns die fünf Sinne vermitteln (מפני הרגשה); zu dieser Kategorie gehören alle Empfindungen und Wahrnehmungen. Die dritte Kategorie bilden jene Dinge, von denen eine beglaubigte und wahrhafte Überlieferung vorhanden ist (מפני הקבלה), wie dies bei all dem der Fall ist, was uns fromme Männer und Propheten verkünden. Wer aber an etwas glaubt, was nicht diesen drei Klassen angehört, auf den kann das Schriftwort [1]) Anwendung finden: Der Thor glaubt jegliches. Es seien aber über Dinge, die diesen drei Klassen nicht angehören, eine Unmasse Bücher geschrieben, in denen ihnen, die nur Thorheit sind, das Gepräge hoher Weisheit und tiefer Erkenntnis gegeben wird, und viele, die sich weise dünkten, beschäftigten sich mit solchen Werken und vermeinten in den Besitz höchster Weisheit gelangt zu sein. Die grosse Menge, die von der verderblichen Krankheit befallen ist, alles zu glauben und für wahr zu halten, was niedergeschrieben ist, nahm das in solchen Schriften Verkündete um so mehr als höchste Weisheit hin, als sich diese Schriften für uralt ausgaben und sich mit ihnen Männer beschäftigten, die als weise galten. Der wirkliche Inhalt dieser Schriften ist jedoch eitel Götzendienst. [2]) Auf die Frage, wie die Menschheit überhaupt auf

---

[1]) Proverbia 14, 15. פתי יאמין לכל דבר.

[2]) Sendschreiben nach Marseille, abgedruckt in Igg'roth, Venedig 1544 p. 11 ff. und in Kobez T'schuboth ed. Lichtenberg. Leipzig, 1859. II. p. 25a. col. 1.

solche Abwege gerathen konnte, giebt Maimuni in seinen beiden Hauptwerken die Antwort: Zur Zeit des Enosch [1]) beging die Menschheit einen folgenschweren Irrthum. [2]) Sie ging von der Ansicht aus, da Gott die Welt geschaffen habe und Sphären und Sterne (כוכבים וגלגלים), die die Welt leiten und lenken, da er diesen hohe Ehren dadurch zu teil werden liess, dass sie seine nächsten unmittelbaren Diener seien, so — war der falsche Schluss, der der Menschheit solches Unheil brachte — sei es nur geziemend, sie ebenfalls zu verehren. Sie begann in der Absicht, des allerhöchsten Gottes Gunst und Wohlwollen zu erringen, seinen Geschöpfen göttliche Ehren zu erweisen und ihnen Tempel zu erbauen. Hiermit war durch die Verwechslung des Geschöpfes mit dem Schöpfer die Grundlage für den Götzendienst gegeben. Später verkündeten falsche Propheten, dass Gott befohlen habe, einen bestimmten Stern in bestimmter Weise zu verehren, und dies auch in seiner Abbildung und Darstellung. Es geschah allmählich, dass die wahre Gottesverehrung, zu der die Anbetung der Gestirne hinleiten sollte, ganz schwand, und auch an Stelle der letzteren die sie symbolisierenden Nachbildungen traten, von denen allein man Schutz und Heil erwartete. Namentlich waren die Ssabier [3]) der Meinung, dass es ausser den Sternen keinen Gott gebe [4]), dass die Welt ewig sei, Adam, ein Gesandter des Mondes, über den Landbau Werke verfasst habe; dergleichen seltsam Fabelhaftes wussten sie noch mehr von ihm zu erzählen. Entsprechend ihrer Anschauung errichteten sie den Planeten Statuen [5]), goldene für die Sonne, silberne für den Mond, und teilten den Sternen die Metalle und Klimate zu, indem sie

---

[1]) Sefer ha-Madda: Hilchoth Akkum, c. 1.; D. Vossius, R. Mosis Maimonidae, De Idolatria, liber. Amsterdami 1641. p. 1.

[2]) Maimuni kommt zu dieser unhistorischen Anschauung über Götzendienst und Aberglauben durch den Einfluss der rabbinischen Tradition cfr. Ber. rabba, c. 23, 27 u. ö.; cfr. Voss, De Idolatria p. 2. n.

[3]) Nach Chwolson, Die Ssabier und der Ssabismus. Petersburg 1856. B. I. S. 689—716 sind unter Ssabiern bei Maimuni nicht die Harranier zu verstehen, sondern nach dem damaligen Sprachgebrauch der Araber Heiden überhaupt. Vgl. auch Munk, Le Guide des égarés T. III. p. 217 n. 1.

[4]) More Nebuchim III. c. 29, ed. Scheyer (Frankfurt a. M. 1838) S. 195 f. Le Guide III, 222 ff. Die More-Übersetzung des Al-Charizi (ed. Schlossberg. London 1879.) III, p. 45. Vgl. ferner Muhamed asch-Schahrastâni, Religionsparteien und Philosophenschulen. Übersetzt von Th. Haarbrücker. Halle 1850—51. 1. 273 ff; II, 66. 73.

[5]) More, III, 29. ed. Scheyer p. 197; Le Guide III, 226 ff.

meinten, dass jeder einzelne Planet der Gott eines bestimmten Klimas
sei. Sie erbauten Tempel¹), in die sie die Bildsäulen hineinstellten, in
der Meinung, dass die Kräfte der Planeten sich auf diese ergiessen,
so dass sie Einsicht und Vernunft erlangen und ihrerseits den
Menschen die Gabe der Prophetie verleihen und heilsamen Rat erteilen. In ein gleiches Verhältnis setzen sie auch Bäume zu den
Planeten. Wenn nämlich ein Baum einem Planeten geweiht wird,
insofern er im Namen und zu Ehren des letzteren gepflanzt und in
der ihm zukommenden Weise behandelt wird, so ergiesst sich die
geistige Kraft des Planeten auf den Baum, der dann Menschen zu
inspirieren vermag. In solcher Weise, fährt Maimuni fort, verbreitete sich Thorheit und Wahnwitz, die Verkehrtheit zog immer
weitere Kreise. Es entwickelten sich aus diesen Anschauungen bei
der allgemeinen Unwissenheit noch weitere falsche Vorstellungen,
wie der Glaube an Wolkendeuter, Schlangenbeschwörer, Zauberer,
Geisterbanner, Gespensterbefrager, Zeichendeuter und Todtenbe-
schwörer. Das berühmteste Buch über diese Gegenstände²) ist die
„Agricultur der Nabathäer"³), übersetzt von Ibn Wa'hschija⁴). Dieses
Buch ist voll von heidnischem Unsinn und von Märchen, an denen
nur der Sinn des ungebildeten Volkes Geschmack finden kann. Es

---

¹) Chwolson (Die Ssabier II, 380 ff,) giebt eine Beschreibung der Tempel der
Ssabier aus Schems-ed-Dîn Dimeschqî, wo auf die Beschreibung des Tempels
„der ersten Ursache", des „der ersten Vernunft", des „der Weltordnung", des
„der Notwendigkeit" und des, „der Seele", die Beschreibung der den einzelnen
Planeten geweihten Tempel folgt. Es wird dabei genau das Metall, woraus
sie gefertigt, und ihre Form angegeben. „Zu den Tempeln der Ssabier gehört
ferner der Tempel der Sonne. Dieser Tempel ist quadratförmig, goldfarbig mit
gelb angestrichenen Wänden, und mit gelben, vergoldeten, seidenen Vorhängen
behangen. Mitten im Tempel ist ein Sitz auf 6 Stufen, auf dem ein goldenes
Götzenbild mit Perlen behangen und mit einer Königskrone auf dem Haupte
sich befindet." (S. 390) . . . . „Zu den Tempeln der Ssabier gehört auch der
Tempel des Mondes. Dieser hat eine fünfeckige Form; die spitzauslaufende
Wand ist reich an goldenen und silbernen Inschriften, deren Tafelwerk und
die Übertünchung überhaupt aus Silber ist. Mitten im Tempel steht ein
Thronsessel auf drei Stufen, auf dem ein Götzenbild aus reinem Silber
sich befindet." (S. 396.)
²) More III, 29; ed. Scheyer 201; Le Guide III, 231.
³) Über die Nabathäer s. Chwolson a. a. O. I., 697 ff. Über die Grund-
sätze der Agricultur das. 709 ff.; Le Guide III, 231 n. 2.
⁴) Über Ibn Wa'hschija s. Chwolson, l. c. I. 697, 705, 821; П. 607.
Jedoch wird Chwolsons Meinung bekämpft und widerlegt von Al. v. Gutschmidt, Die Nabatäische Landwirtschaft und ihre Geschwister, ZDMG XV,
1—161; Le Guide III, 231, n. 2.

spricht von der Anfertigung von Talismanen, von Geisterbeschwörung Zauberei, von Dämonen und Gulen. Es enthält überhaupt viele Thorheiten, die nur den Spott des Vernünftigen verdienen [1]).

Maimuni bringt, wie wir sehen, jegliche Art des Aberglaubens mit Götzendienst in Verbindung; indem er jenen auf diesen zurückführt, indentificiert er sie geradezu. Er lässt beide in der ältesten Zeit entstehen, wohl schon in so früher Zeit, da die Menschen überhaupt über Gott und Glauben noch nicht nachzudenken begonnen. Die Ursache ihrer Entstehung ist einerseits ein falscher, zumeist unbewusst vollzogener Denkprozess, andererseits das Gefühl der Schwäche der eigenen menschlichen Kraft und das Streben, diese Schwäche zu überwinden. Hierzu tritt die Meinung — die, an sich richtig, zu falschen Folgerungen benutzt wurde — dass die einzelnen Teile der Welt, anders als nach Naturgesetzen, auf einander wirken, was insbesondere bei den Gestirnen gegenüber den Geschöpfen der Erde der Fall sein müsse. Die Gestirne erscheinen nämlich dem Naturmenschen durch ihre ihm unerklärlichen Eigenschaften, von denen er aber merkt, dass sie für sein Bestehen notwendig sind, von Anbeginn an als etwas Höheres, in ihrem Wesen und Zweck Unfassbares, daher Mystisches. Als diesem geheimen Einflusse ausgesetzt sind die Menschen besonders da sich zu betrachten geneigt, wo die Erfüllung ihrer Wünsche und Hoffnungen der eigenen Machtvollkommenheit und Wirksamkeit entrückt ist, wie dies namentlich beim Ackerbau der Fall ist, wo der Ertrag der Aussaat von den klimatischen Verhältnissen abhängt. Der Ackerbautreibende ist

---

[1]) Dämonenglauben und Zauberei ist etwas, was den Spott jedes Vernünftigen hervorrufen sollte und doch wurden diese Dinge noch mehrere Jahrhunderte nach Maimuni als Ausfluss hoher Weisheit angesehen, und selbst nicht unbedeutende Geister, Juden wie Christen, erkannten ihre Realität an. Es sei an dieser Stelle bloss des Zeugnisses des grossen Lehrers der Scholastik Erwähnung gethan, Thomas von Aquino, der, gleich Maimuni Aristoteliker, sich über diesen Gegenstand im Gegensatz zu letzterem in folgender Weise äussert: Do maleficiis autem sciendum est, quod quidam dixerunt, quod maleficium nihil est, et quod hoc proveniebat ex infidelitate: quia volebant, quod daemones nihil sunt, nisi imaginationes hominum, in quantum scilicet homines imaginabantur eos et ex illa imaginatione territi laedebantur. Fides vero catholica vult, quod daemones sint aliquid et possint nocere suis operationibus et impedire carnalem copulam." Quaestiones quodlibetales: Quastio XI. art. 10 (p. 84 ed. Patavii 1698.) — „Considerandum est, quod necesse est confiteri, quod deo permittente daemones possunt turbationes aëris inducere, ventos concitare et facere, ut ignis de coelo cadat." Commentarius in Job, c. 1.

in seiner bangen Erwartung am leichtesten solcher Anschauung zugänglich, sie wird in ihm naturgemäss erzeugt, er hält sie auch am längsten fest. Dabei spielt eben der Umstand eine grosse Rolle, dass er mit der ihn umgebenden Natur und mit ihren heilsamen, wie schädlichen Wirkungen unmittelbar am meisten im Contacte bleibt. Diese Momente hebt Maimuni noch ganz besonders hervor. Wenn man jedoch, schreibt er[1]), diese alten, grundlosen und falschen Anschauungen (des Götzendienstes und Aberglaubens) näher betrachtet, so erkennt man, dass die Meinung verbreitet war, dass die Sterne den grössten Einfluss ausüben auf die Entwickelung des Menschengeschlechts und seiner Verhältnisse, dass somit bei der Verehrung derselben der Boden fruchtbar und das Land volkreich werde. Von diesem Gedanken ausgehend und in dieser Überzeugung unterwiesen die frommen und tugendhaften Weisen jener alten Zeit die Menschen in der Verehrung der Gestirne. Die Priester suchten die in den Tempeln versammelten Menschen zu belehren, dass nur infolge der Verehrung der Sterne der Regen herabfalle, die Bäume Früchte tragen, die Gefilde ergiebig und fruchtbar werden, dass aber bei Ungehorsam die Sterne Städte und Länder verwüsten und zerstören. So wird in den **Büchern der Nabathäer**[2]) erzählt, dass einst der Planet Jupiter[3]) über die ehemaligen Einwohner der jetzigen Wüsten und Steppen gezürnt, denselben deshalb Wasser und Bäume entzogen und so das Land zur Wohnstätte der Gulen gemacht habe. Die Agrikultur der Nabathäer setzt überhaupt auf die genaue Befolgung der die gedeihliche Entwickelung des Landbaues bezwekenden Ceremonien hohen Lohn, wie langes Leben, Befreiung von Krankheiten, Bewahrung von schweren, gefährlichen Leibesfehlern und reichen Erntesegen. In der Absicht, schliesst Maimuni diese Erörterung, solchen irrigen Anschauungen entgegenzutreten, verbieten die Lehren des Judentums sie nicht allein, sondern setzen auch auf die Ausübung der mit ihnen verbundenen Gebräuche alles das als

---

1) More III, 30. ed. Scheyer 207. Al-Charisi III, p. 47—48. Le Guide III. 243 ff.

2) Die Schriften der Nabathäer und Ssabier sind, wie es Gutschmidt bewiesen, ganz jungen Ursprunges, und hat auch Maimuni schon geahnt, (s. More III, 29. Le Guide III, 238), dass sie jünger sind, als wie sie sich ausgaben, nichts desto weniger musste auch er sie, entsprechend der allgemeinen Ansicht, doch für sehr alt halten.

3) „Jupiter," so Munk l. c. 244, n. 2 nach dem arabischen אלמשתרי ebenso Al-Charisi צדק כוכב, hingegen hat die Tibbonsche Übersetzung „Mars" מאדים, wohl übereinstimmend, mit der versengenden Eigenschaft, die dem Mars zugeschrieben wird.

Strafe, dessen Abwehr die geübten Handlungen bezweckten, so Regenmangel und Unfruchtbarkeit, böse Krankheit und frühzeitigen Tod. Alle diese Dinge nämlich, schreibt Maimuni an einer andern Stelle[1]), durch welche die Götzendiener von ihren Priestern bethört und irre geführt wurden, sind eitel Lug und Trug, und es ziemt nicht dem weisen Israel, solcher Thorheit nachzugehen, oder etwa gar zu glauben, dass solche Übungen wirklichen Nutzen schaffen. „Wer dergleichen glaubt[2]), wer wähnt, dass diese Dinge wahr und vernünftig sind, und dass nur das göttliche Gesetz sie ohne Grund verpönt habe, ist den unverständigen Thoren beizuzählen, und gleicht den Frauen und unmündigen Kindern, deren Erkenntnis mangelhaft ist. Männer aber von Vernunft und Einsicht erfassen es in evidenter Weise, dass, was die göttliche Lehre verboten hat, nichts Weises, sondern Eitles und Nichtiges ist, das nur Schwachköpfige befolgen können, die jegliche Wahrheit verkennen und ausser acht lassen."
„Dass diese Lehren in ihrer Gesammtheit, wie in ihren einzelnen Teilen und Gruppen nichtig sind," schreibt Maimuni nach Marseille[3]), „dafür habe ich triftige Gründe, und stehen mir unumstössliche Beweise zur Widerlegung jener Meinungen zu Gebote. Es haben auch nie die Philosophen Griechenlands sich mit diesen Gegenständen beschäftigt; nur die Chasdäer, Chaldäer[4]), Ägypter und Kanaaniter haben sie gepflegt, denn hierin bestand ihr damaliger Glaube und religiöser Brauch. Die Weisen Griechenlands hingegen, d. i. die Philosophen, die sich mit den Gegenständen wahrer Weisheit beschäftigt haben, widerlegen durch ihre klaren Verstandesbeweise die Meinungen jener völlig."

Maimuni sucht den Ursprung der superstitiösen Anschauungen, welche schon früh im besonderen den rein monotheistischen Gedanken des Judentums mit seinen Folgelehren trübten, bei den Chaldäern und dürfte hiermit, entsprechend den neuern Forschungen, auch das Richtige getroffen haben. Gewisse abergläubische Vorstellungen und

---

[1]) Hilchot Akkum c. 11, § 16.; Voss, l. c. p. 159—162. c. 11, § 17—18.
[2]) כל המאמין באלו וכיוצא בהן ומחשב בלבו שהן אמת ודבר חכמה אבל התורה אסרתן אינן אלא מן הסכלים ומחסרי הדעת ובכלל הנשים והקטנים שאין דעתן שלימה. אבל בעלי החכמה ותמימי דעת ידעו בראיות ברורות שכל אלו הדברים שאסרה תורה אינם דברי חכמה אלא תהו והבל שנמשכו בהן חסרי הדעת ונטשו דרכי האמת. Voss, ibid.
[3]) Sendschreiben, Kobez, 11, 25 a. col. 2; Ig'groth, 12 a. ff.
[4]) Über diese Unterscheidung zwischen Chasdäer und Chaldäer vgl. Lo Guide III, 239 n. 2; ferner Steinschneider, Zur pseudepigraphischen Litteratur (Wissenschaftliche Blätter aus der Veitel Heine Ephraim'schen Lehranstalt Berlin 1862) S. 4. n. 3.

Handlungen sind allerdings bei allen, nicht allein bei den ackerbautreibenden Völkern aus gleicher — wie oben ausgeführt wurde — Ursache in ähnlicher Weise entstanden[1]), doch Ägypten, und ganz besonders eben die Ebene zwischen Euphrat und Tigris waren die eigentliche Wiege hierfür. Da gedieh diese angebliche Weisheit aufs üppigste, wie sich dies in den auf uns gekommenen Überresten der Aufzeichnungen aus der Zeit der Akkader zeigt[2]), welche einen so regelrecht ausgebildeten Codex für abergläubische Vorschriften hatten, dass er kaum einen Vergleich zu scheuen hat mit den von der ausschweifendsten Phantasie des Mittelalters erzeugten Teufels- und Hexenglaubenssätzen. Dass Maimuni den Griechen keine mystischen und magischen Schriften zuschreibt, hat seinen Grund darin, dass er es nicht fassen kann, dass ein Volk, das einen Aristoteles[3]) erzeugt hat, solchem Widersinn zugänglich wäre, aber noch mehr darin, dass ihm die eigentliche griechische Volkspoesie sowie der griechische Volksglaube unbekannt blieb. Die Tendenz der neuplatonischen Schriften verwirft er[4]), die mystischen Anschauungen derselben mochte er als etwas aus der Fremde Eingedrungenes betrachten.

Schon aus dieser knappen Darstellung der Ursachen und des Ursprunges des Aberglaubens, wie sie Maimuni angiebt, ersehen wir, dass er ein entschiedener Gegner desselben ist. Diese seine Stellungnahme zum Aberglauben ist durch seine ganze philosophische Weltanschauung bedingt, auf die wir somit noch zurückkommen müssen. Die Anschauung Maimunis ist eine mechanische, wie die der Peripatetiker überhaupt. Alles geht vom ersten ewigen Beweger aus und wirkt in unendlicher Verkettung von Ursachen und Wirkungen. An Stelle des sich selbst denkenden Nus als erster Ursache, tritt bei

---

1) Vgl. W. Mannhardt, Wald- und Feldculte, I. B. Berlin 1875; auch Soldan, Gesch. d. Hexenprozesse, bearb. von H. Heppe. Stuttgart 1880 B. I. S. 11—13 nimmt für alle alten Völker wenigstens an, dass bei ihnen der Aberglaube unabhängig von einander entstanden sei. Bei den neuern wird man wohl neben selbständigen Neuschöpfungen auch Überkommenes annehmen können.

2) Vgl. F. Lenormant, Die Geheimwissenschaften Asiens. Die Magie und Wahrsagekunst der Chaldäer. Jena 1878.

3) Der Zumutung, dass Aristoteles selbst solche mystische Werke, wie ihm das Mittelalter zugeschrieben, verfasst habe, tritt Maimuni aufs schärfste entgegen; s. More III, 29; Le Guide III, 239: „das Buch Stomachos" (nach Steinschneider, Zur pseudepigraph. Litteratur S. 38 von στοιχείωμα Zodiak und στοιχειωματικός Nativitätsteller abzuleiten), „wird fälschlich dem Aristoteles zugeschrieben, es ist jedoch durchaus ausgeschlossen, dass er es verfasst habe."

4) S. Kobez, II, 28 b. col. 2.

Maimuni[1]), der Wille des persönlichen Gottes, die Naturgesetze erklärt er erst für die geschaffene Welt giltig[2]). Diese Gesetze sind von der Weisheit Gottes eingesetzt und unabänderlich und haben ihren letzten Grund nur in Gottes Willen, ohne dass wir einen Zweck für die Schöpfung ausserhalb desselben zu erkennen vermögen[3]). Der Mensch ist keineswegs letzter Zweck der Schöpfung[4]), wenn er auch in ihr dadurch eine hervorragende Stellung einnimmt, dass er durch sein Denken Erkenntnis von Gott sich zu erwerben und so über die vergängliche Materie sich zu erheben vermag. Dadurch bringt er es zu einer Verbindung mit Gott und erfreut sich infolge derselben in höherem Grade der göttlichen Providenz[5]). Diese erstreckt sich, wenn auch graduell verschieden, auf alles; in einer Weise jedoch, dass das Wissen Gottes beim Menschen die vollständige Freiheit seiner Handlungen nicht beeinträchtigt[6]). Die Übel in der Welt sind die Folge der Materie, die nur zum Teil geeignet ist, das Gute anzunehmen, in sich aber die Ursache der Privation trägt[7]). Dass aber Gott die Materie hervorgebracht hat, hat ebenso seinen Grund im höchsten Willen und in der höchsten Weisheit, da er die vollkommenste aller möglichen Welten ins Dasein gerufen hat.

Diese kurze Skizze der Hauptpunkte des philosophischen Systems Maimunis macht es bereits klar, dass er notwendig ein Gegner alles Abergläubischen sein musste. Kann alles in der Welt nur nach den von Gott eingesetzten, unabänderlichen und unverrückbaren Gesetzen vor sich gehen; sind alle Erscheinungen und Vorkommnisse bedingt durch die undurchbrechbare Aufeinanderfolge von Ursache und Wirkung, so ist jegliche Zauberei, jegliche magische Einwirkung ausgeschlossen und undenkbar, die ja eine Aufhebung dieser gesetzmässigen Ordnung zur Voraussetzung fordert. Gehören die Übel mit in die von Gott geschaffene Welt hinein und sind sie mit ihr aufs engste verknüpft, so ist die Annahme von Dämonen zur Erklärung derselben unnötig; diese sind als nicht den herrschenden

---

[1]) More I, 68—69; II, 48. Le Guide I, 301—323; II, 361 ff.
[2]) More II, 17; Le Guide II, 129—137. Vgl. M. Joël, Die Religionsphilosophie des Moses ben Maimon. Breslau, 1876, S. 34.
[3]) More III, 13; Le Guide III, 82—98.
[4]) More das; Le Guide das. 95.
[5]) More das. c. 17 Ende, c. 18; Le Guide das. 124—136, 136—141.
[6]) More das. cc. 19—21, 22—23; Le Guide das. 141—159, 159—187.
[7]) More III, 8. 10. 12; Le Guide III, 44—46, 58—64, 66—82.

Gesetzen unterworfene geschaffene Wesen undenkbar, daher nicht vorhanden. Steht der Mensch nicht im Mittelpunkte der Welt als Zweck derselben, so ist es nicht ersichtlich, aus welchem Grunde alles auf sein Geschick hinweisen soll. Es ist somit auch nicht richtig, dass die höheren und ausgezeichnetern Himmelskörper die Aufgabe haben, ihm sein Schicksal zu verkünden. Sind ferner des Menschen Handlungen frei, und selbst durch Gottes Vorauswissen nicht determiniert, so können und dürfen sie um so weniger von der Sterne Lauf in irgend einer Weise bestimmt und abhängig sein. Gott als erste Ursache alles Seins und als Hervorbringer aller Form kann endlich keine Form und Gestalt haben, da diese bloss dem Geschaffenen und Entstandenen beigelegt wird, nicht aber dem über alle Vorstellung erhabenen Hervorbringer der Kreaturen, dessen Wesen in kein Verhältnis zu dem ihrigen gesetzt werden kann. Gegen diese Punkte richtet sich die Polemik Maimunis. Damit haben wir zugleich für unsere Abhandlung den Weg vorgezeichnet. Die Erörterung der Stellungnahme Maimunis zu den einzelnen Gattungen der superstitiösen Anschauungen, wie sie diesen Punkten entprechen, sei deren Aufgabe.

## Anthropomorphismen.

Die grobe Versinnlichung der Gottheit führt nur zu leicht zur Annahme, dass sie den einzelnen sichtbaren materiellen Teilen des Universums gleichgesetzt werden könne. Die Bibel gebraucht zwar in ihrer Schilderung von Gott dieselben Ausdrücke, welcher sie sich bei der Erwähnung menschlicher Eigenschaften, Zustände und Thätigkeiten zu bedienen pflegt. Gott denkt, spricht, berät sich, zürnt, bereut, sieht, geht, steigt herab u. s. w.; die edlen Jünglinge Israels schauen Gott, und unter seinen Füssen glänzt es wie Saphirstein[1]). Der Prophet Jesaias (c. 6) sieht Gott, umgeben von geflügelten Seraphim, sitzen auf hohem Throne, und die Schleppe seines Gewandes erfüllt den Tempel. Die Verbildlichung Gottes nimmt immer festere, bestimmtere Formen an, so dass wir Daniel Gott gar als ehrwürdige Greisengestalt schildern hören. Dieser biblische Sprachgebrauch der Vermenschlichung im allgemeinen, noch mehr die von den Propheten angewandte Verbildlichung im besonderen, gaben

---

[1]) II. M. 24, 10.

Veranlassung zu mannigfacher Kontroverse betreffs deren Auffassung. Wurde einerseits mit richtigem Gefühle herausgefunden, dass sich die Bibel dieser Ausdrücke nur bediente in Ermangelung anderer, geeigneterer, über die die menschliche Sprache, die selbst doch sinnlich körperlicher Natur ist, nicht verfügt, und dass sie ferner dies nur that, um „sich dem menschlichen Ohre anzupassen" [1]) und verständlicher zu machen, wie ja auch der Grundsatz demgemäss aufgestellt wurde: „die Thora gebraucht die unter den Menschen übliche Sprechweise" [2]), welchem Satze sich namentlich die ältesten Bibelübersetzer auch insofern angeschlossen, als sie bei der Übertragung das anstössig Grobsinnliche durch vergeistigende Ausdrücke umschrieben; glaubte man auf der anderen Seite, die Erzählungen und Schilderungen wörtlich auffassen zu müssen. So finden wir schon in den ältesten nachbiblischen Schriften, in Talmud und Midrasch, besonders in Anlehnung an die Visionen Ezechiels, nicht nur eine Beschreibung des göttlichen Hofstaates [3]) und Thrones, sondern auch eine Erwähnung des Ortes, den Gott zu seinem alleinigen, von den Engeln gesonderten (מאחורי הפרגוד), Aufenthalt sich erkoren, eine Anschauung, die sich mit der biblischen Lehre von der Allgegenwart Gottes nur schlecht verträgt. Man wurde sich in dieser Zeit des Widerspruches nicht bewusst, und dies kann auch umso weniger befremden, als solche Anschauungen in talmudischer Zeit wahrscheinlich vorgetragen wurden von Predigern [4]), die bei ihrer Belehrung und Erbauung des Volkes sich versinnlichender und verkörperlichender Ausdrücke von Gott in ähnlicher Weise, wie früher die Propheten, bedient und zum Teil keineswegs eine wörtliche Auffassung, sondern vielmehr vielleicht eine bildlich allegorische gewünscht haben mochten. Jedoch lag da schon eine grössere Gefahr, missverstanden zu werden, vor, dazumal gnostische Einflüsse

---

[1]) לשבך האזן מה שהיא יכולה לשמוע. So Mechiltha zu Jithro, c. 4 und Tanchuma, das., c. 13. In späteren Citaten wird auch לשבר angeführt. Es ist dies die eigentliche Bezeichnung für Anthropomorphismen und Anthropopathien,
[2]) דברה תורה כלשון בני אדם. Talm. b. Berachoth 31 b, Kidduschin 17 b. Gittin 41 b. und sonst öfters, jedoch stets in etwas modifizierter Anwendung. In dieser ausschliesslichen Bedeutung wird der Satz erst von den Religionsphilosophen gebraucht. Vgl. A. Geiger, Wissenschaftl. Zeitschrift f. jüd. Theol. V. S. 78 ff.
[3]) Talm. b. Chagiga 13 a, 14 b; Talm. jer. das. II, 1. 77 a, ed. Krotoschin
[4]) So zeigt sich dies ganz deutlich T. b. Chagiga 5 b, wo die anthropomorphistische Anschauung sich an die homiletische Erklärung von Jer. 13, 17. anlehnt.

unter den Rabbinen bereits sich geltend gemacht hatten ³). Nachdem in dieser Weise der Keim für die grobsinnliche Auffassung Gottes gelegt war, so bedurfte es nur noch eines Anstosses, dass sie sich allgemeiner verbreite, und diesen gaben die neuen Ideen, welche unter dem Einflusse des Islams entstanden. In weit ausgedehnterem Masse als in der Bibel finden sich im Koran die Ausdrücke und Bilder, die auf eine Körperlichkeit Gottes gedeutet werden können, und die, will man nicht den gesamten Inhalt verflüchtigen, nicht symbolisiert und allegorisiert werden dürfen, sondern im eigentlichen Sinne genommen werden müssen. Da nun bei der Mu'tazila¹), jener Sekte des Islams, die als den einzigen Ausweg, der Verkörperlichung Gottes zu entgehen, die Allegorisierung gefunden, sich bald besagter Mangel der zu weit gehenden Vergeistigung herausstellte, so konnte man es als eine Reaktion gegen sie betrachten, dass Sekten²), die ausgesprochenen, anthropomorphistischen Anschauungen huldigten, entstanden. Wie immer, so war es auch in diesem Falle: den gleichen Ursachen entsprachen gleiche Wirkungen. Im Judentume, das zwar der Allegorisierung einigen Spielraum lässt, aber bei deren Fortsetzung, bei übertriebener Symbolisierung, wie in der unnatür-

---

¹) S. Grätz, Gnosticismus und Judentum. Krotoschin. 1846.

²) S. Schahrastâni-Haarbrücker I. S. 43 „Sie (die Mu'taziliten) leugnen ferner einstimmig das Schauen Gottes mit den Augen an dem Orte des dauernden Aufenthaltes (des Paradieses) und leugnen einstimmig, dass man in irgend einer Beziehung eine Vergleichung seiner (Gottes) anstellen könne, was Richtung, Ort, Gestalt, Körper, Einnehmen eines Raumes, Versetztwerden, Aufhören, Veränderungen und Erleiden eines Eindruckes anbetrifft. Sie erklären die allegorische Deutung der Koranverse, in welchen solche Vergleichungen vorkommen, für notwendig und nennen diese Art und Weise des Verfahrens das Einheitsbekenntnis."

³) Das. S. 95. „Seitdem aber die Mu'tazila die Attribute leugneten und die Anhänger der alten Lehre sie behaupteten, ... gingen aber einige Anhänger der alten Lehre bei der Behauptung der Eigenschaften bis zu dem Punkte der Vergleichung mit den Eigenschaften der in der Zeit entstandenen Dinge fort... Dann ging aber eine Anzahl der späteren weiter als dasjenige, was die Bekenner der alten Lehre behaupten; sie sagten nämlich, es sei notwendig, jene Ausdrücke nach ihrem augenfälligen Sinne zu nehmen, und ihre wörtliche Erklärung zu behaupten, wie sie sich vorfinden, ohne sich zur allegorischen Erklärung zu wenden, und ohne beim augenfälligen Sinne stehen zu bleiben, so dass sie in eine reine Verähnlichung (Gottes mit dem Geschöpf) verfielen." Wie weit sie aber in dieser Verähnlichung gingen, ist bei Schahrastâni nachzulesen: über die Muschabbiha unter den Haschwija p. 115, über die Ghâlija p. 199, über die Mughîrija p. 203 ff. Auf diese drei Sekten kommen wir noch später zurück.

lichen Exegese der alexandrinischen Schule, die Gefahr der Verflüchtigung biblischer Geschichte und Nomokanonik fürchten musste, fand dieses Verfahren bald Nachahmung. Wie vorauszusetzen war, trat solche dort ein, wo die Notwendigkeit vorlag, unter allen Umständen an dem Buchstaben festzuhalten, nämlich bei den Karäern [1]). Sie mögen nun diejenigen gewesen sein, welche die Verähnlichung und Verkörperlichung Gottes, und was damit zusammenhängt, aus dem Islam herübergenommen und zuerst innerhalb jüdischer Gedankenkreise behandelt haben; später erst schlossen sich auch Rabbaniten hierin ihnen an. Letztere verfuhren hierbei in der Weise, dass sie diese Materie in die aus der talmudischen Zeit stammenden Agadaaussprüche hineindeuteten, sie dann weiter ausführten, und so dem Ganzen das Ansehen gaben, als ob es Erzeugnis des Talmuds gewesen wäre. Die Karäer, die unterdessen vergessen hatten, dass sie diese Anschauungen in das Judentum verpflanzt, griffen jetzt in heftiger Polemik das so scheinbar ganz aus dem Talmud fliessende Verfahren der Rabbaniten an [2]).

Ein vollkommen ausgebildetes System der Anthropomorphismen aus den Kreisen der Rabbaniten stammend, finden wir niedergelegt in den „grossen" und „kleinen Hechaloth", dem „Henochbuche" und dem „Buchstabenmidrasch des R. Akiba" [3]). Den Hintergrund für die Darstellung in einzelnen dieser Schriften bildet die Hadrianische Verfolgung. R. Ismael, ein Märtyrer derselben, berichtet nach eigenem Augenschein. Er erhebt sich mittelst der Wunderkraft des Gottesnamens in den Himmel [4]). Hier wird er gewürdigt, die Herrlichkeit der Hallen daselbst zu schauen, die er dann seinen Genossen R. Nechunja b. Hakana [5]) und R. Simon b. Gamaliel beschreibt. Der Fürst der Engel, Metatron, empfängt ihn am Eingange

---

[1]) Das. p. 96 „Die Verähnlichung fand sich aber bereits rein und klar bei den Juden, nicht bei allen, sondern bei den Karäern unter ihnen." Vgl. auch Grätz, Die mystische Litteratur der gaonäischen Epoche (Monatsschrift VIII. p. 115).

[2]) Ben Jorucham; s. Grätz, a. a. O. p. 109; Luzzato in Pollaks הליכות קדם p. 69 —.

[3]) Über die Abfassungszeit dieser Pseudepigraphien vgl. Graetz, das.; ferner Zunz, Gottesdienstliche Vorträge d. Juden. 2. Aufl. Frankfurt, a. M. 1891. § 9.

[4]) מעשה עשרה הרוגי מלכות abgedruckt bei Jellinek, Beth ha-Midrasch, VI, p. 21 und p. 31.

[5]) Nach anderen Berichten (Hechaloth rabati, Beth ha-Midrasch, III, 94, V. 16?, war es R. Nechunja b. Hakana, der schon früher dem R. Ismael die Hallen, gleichsam zur Orientirung, beschrieben hatte.

der ersten Halle, geleitet ihn durch alle folgenden, erklärt ihm das Aussehen derselben und die Funktionen der daselbst weilenden Engel. In der letzten Halle[1]) erklärt er ihm die Namen der Engel, die Erschaffung Adams, dessen Glück und Sünde, ferner wie er, Metatron selbst, von den Menschen weg unter die Engel versetzt und über sie erhöht worden sei. In dieser Halle wird von den Ophanim und Cherubim dreimal täglich die Herrlichkeit Gottes gepriesen. wobei die höchsten Engel erbeben und zitternd niederstürzen. Zur selben Zeit wirft sich auch der Thron der Ehre nieder und spricht[2]): „Zeige dich in deiner Würde und lass dich auf mich nieder, o erhabener König, denn angenehm ist mir deine Last." Alle diese Ehre und all dieser Preis geziemt dem Herrn der Welt[3]), der alles überragt, den Thron sogar um hundert und achtzigtausend Myriaden Parsoth in der Höhe, und in einer Breite von siebzigtausend Myriaden. Das Mass der Gotteserscheinung (נופו של שכינה) selbst[4]), beträgt zwei hundert sechs und dreissig tausend Myriaden Parsoth, hundert und achtzehn tausend Myriaden von den Lenden aufwärts, und ebensoviel abwärts. Diese Parsoth gleichen aber nicht den unsrigen, denn die seinige umfasst tausend mal tausend Ellen, von denen jede vier Spannweiten und eine Handbreite misst. Seine Spannweite aber reicht von einem Ende der Welt bis zum andern[5]). Noch krasser und in der Massbestimmung der einzelnen Teile bis ins Detail fortschreitend und darin sogar das islamitische Vorbild[6])

---

[1]) Hechaloth sive liber Chanoch, Beth ha-Midrasch, V. 170.

[2]) Beth ha-Midrasch, III, 85.

[3]) Hechaloth rabathi, cap. 10. Beth ha-Midrasch, III, 91.

[4]) מדרש אלפא ביתא דרבי עקיבא (Othioth d' R. Akiba), Beth ha-Midrasch, III, 29.

[5]) Dass die Gott betreffenden Masse nicht den unsrigen gleich zu setzen seien, ist auch die Ansicht der Hischâmija. „Auch wird von ihm (Hischâm ibn al-Ḥakam) überliefert, dass er gesagt habe, er (Gott) sei sieben Spannen lang nach seiner eigenen Spanne." Schahrastâni-Haarbrücker, 1, 212.

[6]) Die Muschabbiha und andere Sekten der Verähnlichung. Dâûd al-Dschawari behauptete: „der von ihm Angebetete sei ein Körper und Fleisch und Blut, und habe Glieder und Teile, nämlich Hand, Fuss, Kopf, Zunge, zwei Augen und zwei Ohren, dennoch aber sei er ein Körper, nicht wie andere Körper, und Fleisch nicht wie anderes Fleisch, und Blut nicht wie anderes Blut: dasselbe gelte von den anderen Attributen, und er gleiche keinem geschaffenen Dinge, und nichts gleiche ihm; ferner, dass er von seinem Scheitel bis zu seiner Brust hohl, im Uebrigen aber voll sei, schwarze Haare und krauses Kopfhaar habe; was aber in der Offenbarung vom Sitzen auf dem Throne, den beiden Händen, dem Angesicht, den Seiten, dem Gehen, dem Kommen, dem Obensein u. dergl. vorkomme, sei in seinem augenfälligen

— wenn wir ein solches, wie es uns doch vorliegt, anzunehmen berechtigt sind — übertreffend, ist der eigentliche Bericht von den Massbestimmungen, der uns nur im kleinen Rasielbuche [1]) erhalten ist, und hier sind die Zahlen, wie die ganze Darstellung, noch grotesker und gehen bis ins Ungeheuerliche.

Wir haben das System der Anthropomorphismen, wie es in der gaonäischen Zeit in den Pseudepigraphien zum Ausdruck kommt, ausführlicher behandelt, um zu zeigen, wieweit, wahrscheinlich unter dem Einflusse der Sekten des Islams, in jüdischen Kreisen die für uns schon geradezu blasphemische Beschreibung der Gestalt Gottes ausschreiten konnte. Die Agada in dem talmudischen Schrifttum weist davon eigentlich nur schwache Spuren auf. In der ganzen talmudischen Behandlungsweise dieser Materie zeigt sich nämlich ein Streben, dieses Thema möglichst wenig zu berühren, woraus geradezu das Verbot, sich mit demselben zu beschäftigen, floss [2]). Doch trotz des Verbotes erfolgte unter dem starken äusseren Einfluss diese Entartung. Es konnte nicht ausbleiben, dass eine derartige sinnliche Ausmalung des göttlichen Hofstaates und eine solche Verkörperlichung Gottes, die durchaus der reinen, geläuterten Vorstellung, welche das Judentum von seinem Gotte hat, widersprachen, bei den Einsichtsvollen Anstoss erregen und Widerspruch hervorrufen mussten. Schon der Gaon Saadja (892—942) trat mit Entschiedenheit gegen die Verkörperlichung Gottes auf [3]), nicht so entschieden jedoch gegen die sie behandelnde Litteratur. Das Übel an der Wurzel anzugreifen und die Litteratur selbst als Pseudepigraphien, als Fälschungen, geradezu zu bezeichnen, und sie

---

Sinne zu nehmen, nämlich was man verstehe, wenn man im allgemeinen von Körpern spreche; und ebenso was in den Überlieferungen von der Gestalt vorkomme." Schârastâni-Haarbrücker, I. 155 ff. Ferner das. 1. 203 ff.: „Er (Mughîra) war der Ansicht, dass Gott Gestalt und Körper habe mit Gliedern gleich den Buchstaben des Alphabets, seine Gestalt sei die Gestalt eines Mannes von Licht, auf dessem Haupte eine Krone von Licht sich befinde, und er habe ein Herz, aus welchem die Weisheit hervorquelle." Ueber Gottes Verhältnis zum Throne s. das. I. 120. Ueber die Kronen in der jüd. Mystik, vrgl. Beth ha-Midrasch, I. 59, III. 91.

1) Sefer Rasiel ed. Amsterdam 1701. p. 37b und 38a.

2) T. b. Chagiga 14a und 14b. Das Verbot das. 13a lautet: במופלא ממך אל תדרוש ובמכוסה ממך אל תחקור.

3) Emunot we-Deot, Abschn. II. ed. Krakau p. 66 ff.; dagegen weniger entschieden in der Form in den von Juda b. Barsilai in seinem Jezirahcommentare angeführten Fragmenten abgedruckt von Luzzatto in Pollaks הליבות קדם (Amsterdam 1847) p. 69 ff. s. auch den: Commentar zum Sepher Jezirah von R. Jehuda b. Barsilai ed. Halberstamm. Berlin 1885 p. 21.

so ihres autoritativen Charakters zu entkleiden, scheute man sich; so fanden deren Anschauungen unter dem Volke doch Verbreitung, wozu auch die Poëtanim, die synagogalen Dichter, beitrugen. Diese gefielen sich besonders in der Behandlung des nicht ganz unpoëtischen, mystisch-dunkeln, sinnbestrickenden, theosophisch angehauchten Stoffes, der aus den „Hechaloth" geschöpft wurde.

Gegen alle diese Anschauungen trat nun aufs energischeste und entschiedenste Maimuni auf und rückte diesen Auswüchsen so unnachsichtig zu Leibe, dass ihm dies von gegnerischer Seite sogar harten Tadel einbrachte [1]; ja eben dieses Auftreten gegen jeglichen Anthropomorphismus, war zum grossen Teil Veranlassung zu dem heftigen Kampfe, der nach seinem Tode gegen seine Schriften geführt wurde [2]. Er erklärte direkt, ohne Umschweife das Schʻiur-Koma, das Werk von den Massbestimmungen Gottes, als eine Pseudepigraphie von antijüdischem Charakter: „Ich sehe nicht ein" [3], lautet seine Antwort auf eine an ihn gerichtete Anfrage, ob Schʻiur-Koma karaitischen Ursprunges, oder ob es vielleicht Einkleidung für tiefe und geheime Lehre sei, „wie dieser Bericht von den Weisen

---

[1] So erhebt R. Abraham b. David aus Posquières zur Bemerkung Maimuni's (Sefer Madda, Hichoth T'schuba cap. III, 67), dass derjenige, der sich Gott als Gestalt und Körper vorstelle, ein Ungläubiger sei, den Einwand. „Weswegen soll denn ein solcher als ungläubig bezeichnet werden? Es haben bessere und bedeutendere Männer (als Maimuni) dieser Anschauung gehuldigt, weil sie solches sich ergeben sahen aus dem Schriftworte und noch mehr aus der agada'schen Erklärung." Vgl. jedoch auch die Glosse Josef Karos das.

[2] Dass dieser Streit zum grossen Teil hierin seine Ursache hatte und über die betreffenden Belege cfr. Kaufmann, Geschichte der Attributenlehre in der jüdischen Religionsphilosophie des Mittelalters von Saadja bis Maimuni, Gotha, 1877. S. 487 ff.

[3] Sendschreiben abgedruckt bei Heilberg שטי נעמנים Breslau 1847. hebr. Teil p. 17. Die Ansicht, dass das Schʻiur-Koma bloss Einkleidung tiefer Weisheit bilde, scheint damals, wie auch später, der Ausweg gewesen zu sein für alle, die das Anstössige desselben erkannt, aber nicht den Mut hatten, es dem ehrwürdigen alten Lehrer, R. Ismael, abzusprechen und seine Wahrheit zu bestreiten. Zu diesen gehören die Gaonim R. Scherira, und R. Hai (969—1038) s. T'schubot ha-Gaonim No. 29 ed. Lyck 1864 p. 12a; ferner R. Nissim (cca. 1000), der das Schʻiur-Koma als Sinnbild der geheimen Weltenschöpfung bezeichnet, cfr. מגילת סתרים bei Heilberg l. c. p. 17. Die Stellung der oben genannten Gaonim Scherira und Hai zur älteren Kabbala ist jedoch insofern noch umstritten, als manche die ihnen zugeschriebenen diesbezüglichen Responsen als unecht, erklären s. auch D. Joël, der Aberglaube und die Stellung des Judentums zu demselben. (Programmarbeit des jüd.-theol. Seminars zu Breslau.) Breslau 1883. II. Heft p. 36 ff.

stammen könne, da es fernliegend ist, dass etwas Derartiges ihnen angehöre; vielmehr ist es zweifellos das Machwerk eines abendländischen Predigers. Die gänzliche Vernichtung dieses Werkes, dass kein Andenken an dasselbe zurückbliebe, wäre ein höchst verdienstvolles, gottgefälliges Werk, wie dies uns durch das Verbot: "den Namen fremder Götter sollt ihr nicht erwähnen" (V. M. 23, 12) ans Herz gelegt wird. Ein Wesen aber, dem Massbestimmungen zugeschrieben werden, ist durchaus ein Götze."

Ein solches Vorgehen ist von Maimuni zu erwarten, wenn man bedenkt, wie streng er die Einheit des Gottesbegriffes durchgeführt und alle positiven Attribute ausgeschlossen wissen will, sobald diese auch nur im entferntesten eine Vielheit bezeichnen könnten [1]). In seinem religionsphilosophischen Hauptwerke bildet daher auch den Ausgangspunkt die Erklärung der Anthropomorphismen, der verschiedenen Ausdrücke, die von der ursprünglichen Bezeichnung menschlicher Thätigkeiten und Eigenschaften auf die Gottheit übertragen werden, und er setzt auseinander, in welchem Sinne dies geschieht, nämlich in ihrer höhern, so zu sagen geistigen Bedeutung, wie dies sich schon aus den alten Bibelübersetzungen nachweisen lasse. Die Ursache [2]) aber, dass die Bibel sich überhaupt von Gott solcher nur bei sinnlichen Wesen geltenden Ausdrücke bedient habe, liegt darin, dass sich die Menschen nichts Unkörperliches als wirklich existierend vorstellen können. Die göttliche Lehre, welche dieses berücksichtigte und die reale Existenz Gottes zu verkünden hatte, musste zu den Menschen, wie dies die Rabbinen schon erkannt haben [3]), in deren Sprache reden, d. i. in einer für deren Vorstellungsgabe fasslichen Weise, die nur in der Körperlichkeit reales Sein erkennt. Die Thora bedient sich also des Menschlichen bei der Bezeichnung göttlicher Eigenschaft und Thätigkeit einzig und allein zu dem Behufe, um dem menschlichen Verstande Gottes Existenz und Realität so evident und fasslich zu machen, wie ihm Körper und die an denselben haftenden Eigenschaften sind. Aus demselben Grunde werden Gott auch jene Eigenschaften beigelegt,

---
[1]) So verwirft er (More I. 53; Le Guide I, 209) auch die Wesensattribute יכול, חכם, ח׳. die der Gaon Saadja (Emunot, II. S. 57, ed. Krakau) in Übereinstimmung mit der M'utazila (Schahrastâni-Haarbrücker, I, 42) angenommen, (vgl. Kaufmann, l. c. p. 32) mit Rücksicht auf Gott selbst, und will sie ihm nur in Beziehung auf die Geschöpfe beigelegt wissen.
[2]) More I, 26; Le Guide I, 88 ff.
[3]) Vgl. unsere Ausführung S. 16 ff.

die, wie Leben, Bewegung, Denken, Wille, Macht beim Menschen Vollkommenheiten bezeichnen. Diese, wie auch die beigelegten körperlichen Thätigkeiten, wie sehen, hören, sprechen, gehen, herabsteigen, und Formen, wie Angesicht, Auge, Ohr, Mund, Hand, sollen nur bezeichnen, dass Gott alles das vermag, was jene Thätigkeiten ausdrücken, und wozu diese Werkzeuge dem Menschen dienen, nicht aber, dass sie als solche ihm zukämen [1]). Denn der Begriff der Körperlichkeit muss von Gott als seinem Begriffe widersprechend ausgeschlossen werden, da Körperlichkeit immer Zusammensetzung voraussetzt, und diese nur bei geschaffenen Dingen, nicht aber bei dem Schöpfer vorkommen kann. Aber auch die Attribute dürfen Gott nicht in affirmativem Sinne beigelegt werden [2]), sondern nur in dem Sinne, dass wir mit der Behauptung derselben ihr Gegentheil ausgeschlossen wissen wollen. Die einzig möglichen und zulässigen Attribute sind die, welche die Wirkungen, die ausserhalb des göttlichen Wesens liegen und von ihm ausgehen, bezeichnen; jedoch muss dabei stets beachtet werden, dass die Verschiedenheit dieser Wirkungen nicht eine Verschiedenheit im Wesen Gottes bedingt, dass vielmehr alle Wirkungen blos verschiedene Ausflüsse eines und desselben durchaus einfachen Wesens sind. Alle Attribute, die die Bibel von Gott gebraucht, sind als Thätigkeitsattribute anzusehen [3]), wenn sie nicht der Kategorie der bereits besprochenen Ausdrücke angehören, mit denen die Propheten Gott unsere menschlichen Vollkommenheiten beilegen, nur um eine bessere Vorstellung von seiner Vollkommenheit in uns zu erwecken [4]). Als Bilder zur Anleitung und Belehrung des Volkes gebrauchten [5]) sie diejenigen Ausdrücke, die bei den Menschen den höchsten Grad einer Vollkommenheit bezeichnen, aber es galt ihnen als völlig ausgeschlossen, dass etwa die gebrauchten Bilder in ihrem Wortsinne gefasst würden. Dieselbe Anschauung, meint Maimuni, theilten die Rabbinen [6]), wo sie mit ihren Aussprüchen in Talmud und Midrasch dem Sprachgebrauche der Propheten folgten, denn sie waren sicher, dass niemand den Irrtum begehen würde, solche Aussprüche wörtlich aufzufassen.

---

[1]) More das. 46; Le Guide I, 156—163.
[2]) More I, 52; Le Guide I, 189—205.
[3]) More I, 53; Le Guide I, 215—216.
[4]) Kaufmann a. a. O. S. 402.
[5]) More I, 46; Le Guide I, 166—167; Al-Charisische Übersetzung 1, p. 44.
[6]) S. oben S. 17.

Die Bilder und Redewendungen der Propheten fassten Einzelne gewiss so auf, das beweist u. a. der Ausspruch [1]): „Gross ist das Wagnis der Propheten, dass sie den Schöpfer dem Geschöpfe vergleichen, wie es heisst (Ezechiel 1, 26): Und auf dem Bilde des Thrones war ein Bild in Gestalt eines Menschen." Damit wollen die Rabbinen sagen, dass die anthropomorphistischen Bilder, die die Propheten in ihren Visionen zur Versinnbildlichung Gottes gebrauchen, von den geschaffenen Wesen hergenommen und auf den Schöpfer übertragen worden sind, denn die Vorstellung einer jeglichen Gestalt, die in der Seele auftaucht, ist die eines geschaffenen Wesens [2]). Damit, dass sie sagten, das Wagnis der Propheten wäre ein grosses gewesen, wollten sie ferner andeuten, dass die Propheten gezwungen waren, den Schöpfer durch Geschaffenes zu bezeichnen. Damit bezeugten einzelne Rabbinen zugleich, dass sie selbst vom Glauben an Anthropomorphismen wohl frei seien, da ja die Bilder in den prophetischen Visionen nur übertragen seien. Wer nach alle dem, urteilt Maimuni, sie noch solch falscher Anschauung beschuldigen (לחשד אותם) wollte, der thäte dies nur infolge seines eigenen schlechten Charakters, und die Schuld träfe nicht jene [3]).

Diese Fassung des Gottesbegriffs in seiner strengsten Einheit und die Entfernung aller Anthropomorphismen und Anthropopathien sucht Maimuni auch in den Worten der Bibel und in den Aussprüchen der Talmudlehrer wiederzufinden. Wenn das im allgemeinen zugegeben werden muss, so kann man doch nicht leugnen, dass, wie wir es am Anfange dieses Abschnittes [4]) gezeigt haben, mancher Talmudlehrer thatsächlich die Anthropomorphismen mindestens nahe gestreift hat. Dies will Maimuni eben mit den letzten Worten nicht zugeben, im Gegenteil denen begegnen, die auf die Worte der Rabbinen sich berufen wollten. Seine Opposition den alten Lehrern gegenüber ist eine unbewusste, insofern er glaubt, dass seine Anschauung über diesen Gegenstand sich mit der ihrigen deckt; sie wird zu einer bewussten und beabsichtigten seinen Anthropomorphismen lehrenden Zeitgenossen gegenüber. Seine philosophische Gesinnung, wie wir sie im Vorstehenden auseinandergesetzt haben, bemühte er sich auch mit aller Macht unter seinen

---

[1]) Bereschit rabba c. 27: אמר ר' יודן גדול כחן של נביאים שמדמים צורה ליוצרה שנאמר ועל דמות הכסא דמות כמראה אדם עליו מלמעלה.
[2]) Le Guide I, p. 166 n. 4.
[3]) Al-Charisi'sche More-Übersetzung I, c. 45, p. 44.
[4]) S. oben S. 17.

Glaubensgenossen Geltung zu verschaffen. Wir haben gesehen, mit welcher Entschiedenheit er das Sch'iur-Koma als geradezu götzendienerisch verdammt hat. Die Ursache für eine solche entschiedene Sprache [1]) ist in dem Umstande zu suchen, dass Maimuni die Annahme von Anthropomorphismen weit verbreitet und tief ins Bewusstsein der Zeitgenossen eingedrungen wusste. So erzählt er [2]), dass er einen Mann gekannt, der zu den Weisen Israels gezählt wurde, und der nach seiner eigenen Ansicht die Lehre, mit der er sich von Jugend auf beschäftigt, genau kannte, und dabei ungewiss war, ob Gott ein Körper sei mit Augen, Händen und Leib, wie dies aus manchen Schriftversen zu entnehmen sei, oder nicht. Ja, anderen war dies nicht einmal zweifelhaft, und sie erklärten jeden für einen Gottesleugner, der die Körperlichkeit verneinte. Diese Leute, so äussert sich Maimuni in der Einleitung zum 10. Abschnitte des Tractats Sanhedrin [3]), fassen die Aussprüche unserer Weisen wörtlich, und wollen unter keiner Bedingung sie anders erklären,

---

[1]) Die Entschiedenheit der Sprache, die auf kein Paktiren sich einlässt, ist an Maimunis Auftreten charakteristisch. Saadja, der ebenfalls die Anthropomorphismen verpönt, ist jedoch auch geneigt, wenn es sein müsste, selbst das Sch'iur-Koma zu vertheidigen. Gegen Ben Jerucham meint er zuerst, dass keine Veranlassung vorhanden sei, dieses Werk anzuerkennen: „denn da es weder in der Mischna noch im Talmud vorkomme, so bringe es nicht die Ansicht aller Weisen zum Ausdrucke, es könne auch nicht nachgewiesen werden, ob es wirklich von R. Ismael herstamme, und nicht wie so manches Buch untergeschoben sei." יאמר כי שיעור קומה לא נתקבצו דברי כל חכמים, מפני שאינו לא במשנה ולא בתלמוד ואין לנו דרך שיתברר לנו אם הוא דברי ר׳ ישמעאל או לא ואולי איש אחר אמרם על שמו ... ואם הוא הדבר כן אין עלינו להשיב על זו הטענה; aber Saadja begnügt sich damit nicht; sondern fügt hinzu, es könnte schliesslich das Sch'iur-Koma vielleicht auch wirklich dem R. Ismael angehören, und sich auf die Grösse der Lichterscheinung אור נברא, die den Propheten sichtbar war, beziehen. S. הליכות קדם p. 70—71. Ebenso unentschieden drückt sich Jehuda ha-Levi in Kusari, IV, 3 (ed. Cassel. Leipzig 1869 p. 319) aus: „Auch ist nicht zu verwerfen, was über „die Gestalt schaut er" (IV. M. 12, 8), über „Sie sahen den Gott Israels" (II. M. 24, 10), sogar was über „das Werk des Wagens" und „das Maass des Körpers" gesagt wurde, [ואין להרחיק כל מה שנאמר ... ומעשה מרכבה אף לא שיעור קומה], weil dadurch die Ehrfurcht vor Gott in den Gemütern befestigt wird."

[2]) מאמר תחיית המתים Kobez II, 8a, col. 1. Vgl. auch das Sendschreiben des Palquera (cfr. Graetz, Geschichte d. Juden VII. 474) in Kobez III, 23b, col. 1.

[3]) Ich folge hier der Einleitung zu Perek-Chelek, die nach einer alten Handschrift bei O. H. Schorr, Hechaluz XII p. 104 ff. abgedruckt ist. Dieselbe scheint mit cod. 73 der Breslauer Seminarbibliothek übereinzustimmen, welch letztere, nach Rosin, Ethik des Maimonides, S. 30, Anm. 4, die Al-Charisische Übersetzung enthält. Cfr. Pocockius, Porta Mosis. Oxoniae 1655 p. 144—145.

so dass nach ihrer Ansicht das Unmögliche zum Wirklichen wird. Dieses geschieht wegen ihrer mangelhaften Kenntnis der Wissenschaft und wegen des gänzlichen Fehlens wissenschaftlicher Anregung, sowohl aus eigener Beschäftigung, wie infolge der Belehrung von aussen her. Daher meinen sie, dass die Weisen mit ihren gediegenen Aussprüchen keinen anderen Sinn verbanden, als denjenigen, welchen sie den Worten nach finden, obschon manches davon so vernunftwidrig ist, dass selbst der gemeine Mann sagen müsse, es sei unmöglich, dass jemand etwas Derartiges glauben könne. Solche Leute sind zu bedauern wegen des Mangels an Einsicht. Sie glauben die Weisen zu ehren und überhäufen sie, ohne es zu merken, mit Schande, indem sie ihnen Verkehrtheiten zuschreiben. Ebenso thöricht handeln namentlich jene Exegeten und Prediger, die die grosse Menge über etwas belehren, was sie selbst nicht verstehen, und es wäre besser, wenn sie schweigen würden, oder zugeben, dass sie hier den Sinn der Weisen nicht begriffen. Es genügt[1]) daher für solche Leute nicht, ihre falschen Ansichten auf wissenschaftlichem Wege zu widerlegen, denn sie sind für eine wissenschaftliche Auseinandersetzung unzugänglich; es bleibt nur das Eine übrig, sie zu belehren durch populäre Darstellung und Auseinandersetzung dessen, was man als Israelit glauben darf und was nicht. Diesen Weg schlägt Maimuni in seinem grossen halachischen Werke ein und fasst in klare und bestimmte Worte, was erlaubt und was verboten ist. In Beziehung auf unsern Gegenstand drückt er sich etwa folgendermassen aus[2]): Die Gottheit ist eine Einheit, die eine jegliche Art von Vielheit oder Mehrheit ausschliesst, sie ist kein Körper, denn als solcher müsste sie eine Begrenzung und ein Ende haben oder nur begrenzte Kraft besitzen, was dem Begriffe der Gottheit widerspricht. Da Gott unkörperlich ist, so trifft bei ihm nichts von körperlichen Eigenschaften oder Affektionen zu, so dass er die absoluteste und denkbar vollkommenste Einheit ist, was auch das Bibelwort (V. M. 6, 4) besagt: Der Ewige, unser Gott, ist ein einiges Wesen. Gott kann auch schon aus dem Grunde kein Körper sein, weil er zur selben Zeit im Himmel und auf Erden ist, was doch bei einem Körper unmöglich ist; ebenso zeugt von seiner Unkörperlichkeit, dass er mit nichts verglichen werden kann, wogegen bei körperlichen Dingen eine Vergleichung möglich ist. Die ver-

---

[1]) Kobez II, 8a col. 1.
[2]) Hilchoth Jesode ha-Thora cap. 1, § 7ff.

schiedenen körperlichen Teile und die von Körpern hergenommenen Bilder, die Moses und die Propheten und, ihrem Beispiele folgend, die Lehrer im Talmud von Gott gebrauchen, sind nur dem menschlichen Sprachgebrauche entlehnt und beweisen eben durch ihre Mannigfaltigkeit und Verschiedenheit, dass keine derselben in Wirklichkeit Gott eigen sein kann. Die Verschiedenheit der Bilder hängt mit dem verschiedenen Grade der prophetischen Visionen zusammen [1]). Das Verlangen Moses, Gott zu schauen, ist so zu verstehen, dass er von der Existenz Gottes eine so klare Vorstellung haben wollte, wie man sie vom Aussehen eines Menschen hat, den man von Angesicht zu Angesicht gesehen. Er erhielt jedoch die Antwort, dass das Erkenntnisvermögen des noch lebenden Menschen hierzu nicht ausreiche, sondern höchstens zu einer solchen Vorstellung, wie man sie von einem Menschen hat, dessen Rückseite man gesehen, wobei viele wesentliche Merkmale noch immer fehlen [2]).

Wir haben diesen Abschnitt aus dem halachischen Werke angeführt, denn obschon Maimuni fast dasselbe auch in seinem religionsphilosophischen Buche sagt, so ist doch zu beachten, dass wir es in dem halachischen Mischneh-Thora mit der klaren präcisen, für das Volk bestimmten Ausdrucksweise des verbindlichen Codex zu thun haben, und auch hier finden wir dieselbe entschiedene Sprache, die jeglichem Anthropomorphismus abhold ist. Um jedoch seine Absicht ganz zu erreichen, das Volk durch Belehrung von der Ver-

---

[1]) In seinem Antwortschreiben an Chasdai ha-Levi (Kobez II, 24a col. 2 Igg'roth 5b.) erklärt Maimuni in Übereinstimmung mit dieser Stelle, dass die Ausdrücke, welche die Propheten gebrauchen, entsprechend sind dem jedesmaligen Grade der Vision, und fährt dann fort: „Es können unkörperliche, geistige Vorstellungen in dem sie vorstellenden Menschen bis zu solcher Intensität gelangen, dass sie gleichsam zu körperlichen Gebilden sich verdichten und als solche ausserhalb der denkenden Seele in Wirklichkeit erscheinen." Letztere Ansicht spricht auch Pfleiderer (Theorie des Aberglaubens S. 30ff.) aus, indem er sich auf moderne physiologische Erklärungen beruft. Über letztere siehe Wendt, Sinneswahrnehmungen und Sinnestäuschungen. Berlin 1872.

[2]) More I, 54; Le Guide I, 216ff. führt Maimuni diesen Gedanken mit dem Zusatze aus, dass die Bitte Moses eine doppelte war, und sich ausser auf die Erkenntnis von Gottes Wesen auch auf die Erfassung seiner Eigenschaften erstreckte; letztere ist ihm gewährt worden, insofern sie sich aus dem Walten Gottes ergeben und nur die Erkenntnis dieser ein wohlgefälliges Handeln bewirken kann. Die Wirkungen werden als Eigenschaften bezeichnet, weil sie bei den Menschen als Ausflüsse solcher sich ergeben. Cfr. Kaufmann a. a. O. S. 403—414.

werflichkeit anthropomorphistischer Meinungen zu überzeugen [1]), stellt [2]) er die Unkörperlichkeit Gottes als Dogma auf, und zählt [3]) diejenigen, die Gott Körper oder Gestalt beilegen, zu den grössten Sündern und Ungläubigen, die vom ewigen Leben ausgeschlossen sind. — Durch dieses energische Auftreten hat Maimuni der reinen und lauteren Auffassung der Gottheit den Sieg erkämpft; wenn es auch einige Zeit gedauert hat, bis die in den alten Anschauungen Befangenen sich von ihnen frei gemacht, so verblieb doch nachher die Anschauung Maimunis, wie sie die der Lehre des Judentums allein entsprechende ist, auch die allein giltige und massgebende [4]).

## Mittelwesen.

Die Annahme von Mittelwesen hat ihren Grund darin, dass es dem Menschen unwürdig erschien, Gott zu den Geschöpfen der Erde unmittelbar in Beziehung zu bringen. Er glaubte [5]), es sei der unendlichen Hoheit Gottes entsprechender, höhere Wesen geschaffen zu

---

[1]) More I, 35; Le Guide I, 130—133 spricht sich Maimuni ebenfalls dafür aus, dass man darauf sehe und durch allgemeine Belehrung es zu stande bringe, dass selbst unter dem Volke die Vorstellung von der Körperlichkeit und den körperlichen Eigenschaften ausgetilgt werde. „Denn wie es nötig ist, schon die Kinder darüber zu belehren und es der grossen Menge mitzuteilen, dass Gott einzig ist und ausser ihm keinem andern gedient werden darf, ebenso ist es nötig, dass sie durch Mitteilung auch darüber belehrt werde, dass Gott kein Körper, und dass zwischen ihm und den Geschöpfen kein Vergleich und kein Verhältnis möglich ist. . . . Erst wenn die Kinder und die Denkschwachen hiermit vertraut gemacht worden sind, können sie über den amphibologischen Gebrauch der Bibelverse belehrt werden, damit der Glaube bei ihnen gefestigt werde. . . . Sollte jedoch ihr geistiges Vermögen zu schwach sein, so muss wenigstens dieses Wenige ihnen beigebracht werden, dass Gott kein Körper ist und von nichts affizirt wird, dass aber auch die Worte der Propheten wahr sind und für die Voständigen eine Erklärung haben." Al-Charisi'sche Übersetzung I, 24 S. 36. — Diese in den Rahmen eines religionsphilosophischen Werkes scheinbar nicht hineinpassende Verhaltungsmassregel zeigt uns, wie ernst es dem Maimuni um die Sache zu thun ist, und wie er keine Gelegenheit vorübergehen lässt, auf dieselbe zurückzukommen.

[2]) Einleitung zum 10. Abschnitte des Traktats Sanhedrin, Glaubensartikel 3; Pococke, p. 166.

[3]) Hilchoth T'schuba cap. 3, § 7.

[4]) Cfr. Kaufmann, l. c. p. 495 ff. תשובת רשב"א No. 418.

[5]) Vgl. Schahrastâni-Haarbrücker, Religionsparteien II, S. 4 ff.

haben, die mit der Macht ausgestattet wurden, die Welt hervorzubringen und zu leiten. Bestärkt wurde eine solche Anschauung durch den Hinblick auf den unüberbrückbaren Gegensatz von Gut und Übel in ethischem, oder von Geist und Materie in metaphysischem Sinne, den man nicht mit dem Begriff eines gütigen Schöpfers in Übereinstimmung zu bringen wusste. Spuren von Mittelwesen zeigt schon der Polytheismus, wenn er neben den Hauptgöttern untergeordnete Nebengötter aufweist, die bloss einzelne Seiten jener manifestieren. Eigentlich bedurfte der Polytheismus, indem Götter zumeist nichts anderes als blosse Hypostasen und Personificationen von Naturkräften bedeuteten, solcher Mittelwesen nicht, da man sich recht gut vorstellen konnte, wie jede einzelne Kraft für sich wirke; auch standen die Götter, wie etwa die des griechischen Olymp, nach den von ihnen geltenden Mythen, nicht so hoch über ihren Verehrern, dass sie nicht unmittelbar in Beziehung zu letzteren hätten treten können, da sie sich lediglich als mächtigere, oft nicht bessere, Menschen darstellten. Nicht allein viele Gottheiten, sondern schon ein dualistisches Göttersystem hätte hinreichen sollen zur Erklärung der vorhandenen Gegensätze: die Annahme zweier göttlichen Principien, eines guten und bösen, sollte schon den Widerspruch des Lebens erklärlich, den in der Natur sich fortwährend abspielenden Vernichtungskampf verständlich machen. In Wirklichkeit jedoch haben aber auch die zwei Götter nicht ausgereicht, und wie die Nebengottheiten im Polytheismus Spuren von Mittelwesen bedeuten, so hat die Lehre des Zarathustra in ihren Amesha-çpeñtas und Jazatas, die das Gefolge Ahuramazdas bilden, und in den Daevas, den Dienern Agromainyus, zuerst die Vorstellung von Mittelwesen in ein System gebracht, welches dann für andere Religionssysteme mustergiltig geworden, und von denselben mit grösseren oder geringeren Modificationen aufgenommen worden ist.

Dagegen liess der Gottesbegriff des strengen Monotheismus, wie ihn der Mosaismus zum Ausdrucke brachte, diese Gegensätze um so auffallender erscheinen. Die Hoheit und Erhabenheit, die der Mosaismus dabei für die Gottheit dem Irdischen gegenüber beansprucht, liess das Einschieben von geschaffenen Mittelwesen um so leichter zu. Der Pentateuch kennt solche Mittelwesen nur unter der allgemeinen Bezeichnung von Engeln, die späteren biblischen Bücher fügen noch andere Bezeichnungen hinzu. Das Charakteristische für die altbiblische Engellehre ist, dass die Engel alles nur auf ausdrücklichen Befehl Gottes vollführen, und dass sie, wenn auch reiner als der Mensch, so doch nicht ganz fleckenlos und frei von jedem Fehl sind[1]). In der nachexilischen Zeit fand die Engellehre ihre weitere Ausbildung[2]). Die Berührung mit dem Parsismus wirkte insofern mit, als manche in demselben herrschende Vorstellung[3]) wiederzufinden ist in den talmudischen Schriften[4]), die vielfach die parsischen Lehren von Engeln, von guten und bösen Dämonen wiederspiegeln. Es wird schon von Engeln als von wirklichen, durch die Theologie geforderten, daher gebilligten, höheren Wesen gesprochen, auf die man selbst im Cultus und in der Liturgie Rücksicht nahm. Immer festern Boden gewinnend und sich dem ganzen Ideenkreise des Judenthums anpassend, schwindet diese Lehre nicht mehr aus dessen Mitte. Ihre Ausbildung tritt uns in den späteren Schriften vielfach entgegen. Besonders sei hier noch auf die „Hechaloth"[5]) hingewiesen. Der Annahme fremder Anschauungen war auch dazumal im allgemeinen der Zug der Zeit günstig; dem Einflusse von Osten wurde durch den von Westen vorgearbeitet: die fremde Pflanze, aus Mesopotamien eingeführt, fand in Palästina und in Alexandrien einen wohl bearbeiteten Boden, auf dem sie sich üppig entfalten konnte. Da hatte sich schon früher die Neigung geltend gemacht, das Weltgebäude mit Mittelwesen zu erfüllen; die Juden trafen in dieser Richtung mit ihren hellenischen Nachbarn zusammen. Letztere waren nicht mehr befriedigt von der alten Götterlehre. Das Volk nahm fremde Culte an oder verfiel in Unglauben, während die Philosophen die alte Götterlehre in Allegorien verflüchtigten und so mittelst mythisch-mystischer Auslegungsweise wieder zu beleben suchten. „Schon Plato," charakterisiert Roskoff[6]) diese Zeit, „hatte mythisch-mystische Elemente in die

---

[1]) Hiob 4, 18.

[2]) ריש לקיש אמר אף שמית מלאכים עלו מבבל Bereschit rabba c. 48, Talm. jer. Rosch ha-Schana 1. 2. ed Krotoschin 56d.

[3]) Über den Einfluss des Parsismus auf die Entwickelung der jüdischen Angelologie und Dämonologie s. das Quellenstudium Schorrs in Hechaluz, VII, 17ff, VIII, 3ff; cfr. A. Kohut, Über die jüd. Angelologie und Dämonologie in ihrer Abhängigkeit vom Parsismus. Leipzig 1866.

[4]) Cfr. Brecher, Das Transcendentale, Magie und magische Heilarten im Talmud. Wien 1850.

[5]) Jellinek, Beth ha-Midrasch III, 85—108; V, 176—180, 183—190.

[6]) Geschichte des Teufels. Leipzig 1869. 1. S. 139ff. Zur Ergänzung dieser Charakterisierung verweisen wir noch auf Zeller, Die Philosophie der Griechen in ihrer geschichtlichen Entwickelung. 3. Aufl. III. Teil, 2. Abt Leipzig 1881.

Philosophie aufgenommen, um durch deren Symbolisierung eine Philosophie der Mythologie darzustellen. Den Neuplatonikern dienten Mythus und Mysterium als Ergänzung ihrer Philosophie, um die hellenische Weltanschauung aus den sinnlichen Vorstellungen zum Begriffe zu erheben, wobei aber das Mystische das Übergewicht gewann [1]. Nach dem Vorgange des platonischen Dualismus von Gott und Hyle betrachteten alle Neuplatoniker das leibliche, sinnliche Wesen als das Nichtige, Böse [2]; die Materie, das absolut Willenlose, war der Grund aller sittlichen Verkehrtheit, obschon keine positive Macht, wie kein Neuplatoniker ein eigentliches böses Urprincip aufstellt. Bei allen findet sich neben der Vielgötterei die Dämonenlehre . . . Plotin spricht zwar viel von Göttern und Dämonen, fasst sie aber viel geistiger auf als die späteren Platoniker, die ihn missverstanden haben. Die Seelen von Dämonen hält er für höher und stärker als die Menschenseelen [3], sie sind mit grosser Macht begabt, und verwalten gleichsam im Auftrage der Allseele die einzelnen Teile des Alls. Wenn sie zuweilen unsere Gebete hören, so ist diese Erhörung nicht Folge unseres Einflusses, sondern der grossen Weltsympathie, denn nichts geschieht gegen die Natur [4] . . Die Dämonen, die gleichen Wesens mit den Menschen sind, hangen mit ihrem Wesen an Gott. Porphyrius vermochte nicht überall die spekulativen Gedanken seines Lehrers Plotin festzuhalten und verlor sich in das Gebiet der Magie und der orientalischen Theologie. Er spricht von Engeln und Erzengeln [5], weist ersteren den Wohnsitz im Empyreum an, er weiss von Dämonen, die in der Luft wohnen, teilt sie in irdische und feurige [6] und redet von bösen und strafenden Dämonen [7]. Er erkannte Zauberei und Beschwörungen von Dämonen [8], sowie schädliche magische Einwirkungen der Menschen durch theurgische Künste an. Jamblichus betonte ganz entschieden das orientalische und theurgisch-mystische Element in seiner Lehre [9], die er für Platonismus ausgab und durch Aneignung chaldäischer und egyptischer Mythen und Philosopheme im Orient herrschend zu

---

[1] Zeller a. a. O. S. 432 ff.
[2] Das. S. 547—548.
[3] Das. S. 570.
[4] Das. S. 626—627.
[5] Das. S. 667, 669 und 670, Anm. 3.
[6] Das. S. 669 Anm. 3.
[7] Das. S. 670—671.
[8] Das. S. 673—675.
[9] Vergl. das. S. 684 ff.

machen und zugleich dem Christentume entgegenzuarbeiten suchte..
Die meisten Verehrer und Schüler des Jamblichus scheinen weniger seine wissenschaftliche Bedeutung als den damals herrschenden Glauben an magische Wirkungen und die Dämonologie, der er eine philosophische Grundlage geben wollte, ergriffen und verbreitet zu haben[1]). Die Lehre von den Dämonen erhielt sonach eine grosse Ausbildung, man suchte das Geisterreich, wie das Naturreich, einzuteilen, mehrere Klassen, nach dem Element, worin sie lebten, nach ihrer Natur und ihrem Wirkungskreise festzustellen. Das Mystische gewann um so mehr Wert, als es geeignet war, den Berührungspunkt abzugeben für orientalische Vorstellungen und griechische Ideen. Obschon die Haupttendenz der späteren Platoniker auf das Übersinnliche, Begriffliche gerichtet war, war sie doch von dem Hang begleitet, Vorstellungen zu hypostasieren und die Natur zu personifizieren. Die Neigung sowohl, als die Empfänglichkeit dafür lag in der Zeit, in welcher sich die morgenländische Denkart mit der abendländischen zu vereinigen suchte."

So hatten die jüdischen Denker eine abgeschlossene und fertige Theorie betreffs der Mittelwesen in der Philosophie, die in manchem mit derjenigen übereinstimmte, welche ihre eigenen theologischen Schriften boten. Bei dem Mangel an historischer Kritik, der die mittelalterlichen Gelehrten zumeist charakterisiert, fanden sie, was sonst so selten der Fall ist, dasselbe Resultat in den Forschungen der Philosophie wie in den Überlieferungen der Theologie, und durften daher jene ganz annehmen. Diese innige Beziehung wurde herbeigeführt durch jene Vermittler, welche die neuplatonische Philosophie den jüdischen Denkern brachten: durch die Araber. Sie gaben eigentlich nur wieder, was Muhammed aus dem späteren Judentum in Bezug auf die Lehre von den Mittelwesen hinübergenommen, mit dem bei den Arabern bereits vorhandenen Glauben an Ginnen in Verbindung gebracht. Es hatte somit für die arabischen Philosophen die neuplatonische Anschauung mit der eigenen religiösen vielfache Berührungspunkte, und die jüdischen hatten in ähnlichem Sinne keine Veranlassung, den Glauben an die Mittelwesen zu perhorrescieren; besonders jene, welche dem Neuplatonismus huldigten[2]), trugen viel dazu bei, den Glauben an Mittelwesen zu verbreiten. Dazu kam noch der Umstand, dass die jüdischen Philosophen zu-

---
[1]) Das. S. 714 ff.; S. 718 ff.; S. 806 ff.
[2]) So Salomon ibn Gabirol, Abraham ibn Esra u. a. v.

meist auch Dichter waren, und durch ihre auf das Gemüt wirkenden, schwungvollen Gedichte und Gebete[1]), in denen sie ihre Anschauung über die Mittelwesen zum Ausdruck brachten, diesen Glauben zum Gemeingut des Volkes machten.

Anders stellt sich nun zu dieser Frage Maimuni. Sein nüchterner, klarer Sinn musste entschieden einer Anschauung abhold sein, deren Wurzeln ganz und gar in der Phantasie zu suchen sind, die wohl geeignet ist, ein frommes, gläubiges Gemüt mit heiligem Schauer und bewundernder Scheu zu erfüllen, nicht aber zu erhebender Erkenntnis Gottes den geläuterten Geist zu führen, den forschenden zu befriedigen. Maimunis Anschauung betreffs der Mittelwesen hängt aufs engste mit derjenigen zusammen, die er über das Verhältnis Gottes zur Welt und über die Providenz hat. Er nimmt zwar gegen Aristoteles die Weltschöpfung in der Zeit an[2]), folgt aber im übrigen, in dem, was er über das Verhältnis Gottes zur Welt lehrt, den aristotelischen, zum Teil neuplatonisch gefärbten Ansichten[3]). Er unterscheidet mit Aristoteles die sublunarische von der jenseitigen Welt der Sphären[4]). Die Sphären sind ihm beseelt[5]) und werden von den „getrennten Intelligenzen" geführt. Es sind letzterer zehn[6]) vorhanden, von denen die höchste unmittelbar von Gott emaniert ist. Da nun alles in der sublunarischen Welt von der Bewegung der Sphären abhängt[7]), diese aber von den getrennten Intelligenzen bewirkt wird, so sind letztere diejenigen, die alles bewirken. Durch ihre Vermittelung aber ist es Gott, der alles wirkt, der ja auch sie geschaffen[8]). Auf sie erstreckt sich zugleich im höchsten Grade die göttliche Providenz, weil sie die höchste Er-

---

[1]) Vergl. das schwungvolle Gedicht von Jehuda ha-Levi: ידברו ואבן ברשיונך, יעשו ואף ברצונך זאת. יאמרו שומעי מליהם, כי פיך המדבר עלידם citirt von Moses ben Nachman (RMBN) in seiner Dissertation (דרשה) ed. Jellinek, Leipzig 1853, S. 11.

[2]) More II, 24—25; Le Guide II, 180—195.

[3]) cfr. Joël, Beiträge S. 27 ff.

[4]) More I, 72; Le Guide I, 354 ff.

[5]) More II, 4—5, Le Guide II, 51, 62; Joël, a. a. O, S. 75.

[6]) More II, 4 und 22; Le Guide II, 51—62, 172—180. Die Theorie der Emanation der einen Intelligenz aus der anderen und ihre Zehnzahl setzt Maimuni nach Ibn Sina (Scharahstâni-Haarbrücker II, 261 ff.) auseinander, schreibt jedoch diese Lehre dem Aristoteles zu, vgl. darüber Le Guide II, 57 n. 3, 172 n. 1. Diese Theorie hat bereits vor Maimuni in jüdischen Kreisen Jehuda ha-Levi, Kusari IV, § 25 bekämpft, auf den sich später Schemtob in Emunot, Pforte IV, Abschn. 3 (ed. Ferrara 1556, S. 27 b) bezieht.

[7]) More I, 72, II, 6; Le Guide I, 361—362, II, 68.

[8]) More II, 6; Le Guide II, 67.

kenntnis Gottes haben¹). Diese getrennten Intelligenzen und die Sphären sind für Maimuni identisch mit den biblischen Engeln, weil sie Gottes Willen in der Leitung der Welt vollführen und so seine Boten bilden. Entsprechend dieser Anschauung definiert Maimuni in folgender Weise²): „Engel sind körperlose, von jedem Stoffe freie, jedoch entstandene, d. i. von Gott geschaffene Intelligenzen." Er überträgt die biblischen Anschauungen und Bezeichnungen von Engeln auf die „getrennten Intelligenzen" und Sphären. Die Intelligenzen³) sind die Engel, die sich Gott nähern und durch deren Vermittelung sich die Sphären in Bewegung setzen. Die Sphären und Intelligenzen haben das Bewusstsein⁴) ihrer Wirkungen und bedienen sich des freien Willens bei der Leitung der ihnen anvertrauten Welt. Als vernunftbegabte Wesen dienen sie ihrem Schöpfer und preisen ihn. Dieses lehren in Übereinstimmung mit der Philosophie die Bibel (Ps. 19, 2), die Aussprüche der Weisen in Talmud und Midrasch⁵). Übereinstimmung herrscht ferner darin, dass die Verwaltung der niederen sublunarischen Welt nur durch Kräfte, welche die himmlischen Sphären ergiessen, ausgeübt wird⁶). Dass aber unter den biblischen Engeln⁷) wirklich die Leiter der Sphären zu verstehen sind, ergiebt sich aus Deut. 10, 17, wo nur dann eine Steigerung des Ausdrucks vorhanden ist, wenn man Elohim und Adonim auf die Intelligenzen und Sphären bezieht. Die Intelligenzen sind aber nicht einander gleich, sondern unterscheiden sich, wenn auch körperlos, von einander durch ihre verschiedenen Rangstufen⁸), insofern die eine Kraft aus der anderen ent-

---

¹) More I, 37; Le Guide I, 139—140.
²) More I, 49; Le Guide I, 175.
³) More II, 4; Le Guide II, 60 n. 3.
⁴) More II, 7; Le Guide II, 75.
⁵) More II, 5; Le Guide II, 92. S. Joël, Beiträge S. 75. Maimuni polemisiert hier gegen den Gaon Saadja, der Emunot we-Deot II (ed. Krakau, p. 68) beweist, dass die Himmel nicht belebt sind. Saadja, mehr auf dem Standpunkte der jüdischen Volksanschauung stehend, nimmt Engel an, stellt sie doch nicht so hoch, ja er ist nicht abgeneigt, die Menschen höher zu stellen. Vgl. das. IV p. 102—103 und VI p. 130. 133 wie auch den Kommentar zu Job und zum Jezirahbuche. Gegen Saadja polemisiert Abraham ibn Esra in seinem kürzeren Kommentar zu II M. 23, 20. Abr. ibn Esra identifiziert ebenfalls die Engel mit den Intelligenzen. Vgl. über diese Polemik Kerem Chemed IV, p. 104—110 und 136—137.
⁶) More II, 10; Le Guide II, 80.
⁷) More II, 6; Le Guide II, 66.
⁸) Hilchot Jesode ha-Thora c. II §§ 3—8.

steht. Je nach dem verschiedenen Grade ihrer Erkenntnis Gottes werden ihnen auch in der Bibel verschiedene Namen beigelegt, und demnach giebt es zehn Rangstufen [1]). Das prophetische Bild von den „Chajot", die den Thron Gottes tragen, will ausdrücken, dass diese höchste Engelklasse die meiste Einsicht in das Wesen Gottes habe, gleichsam, wie wenn sie sich unmittelbar in dessen Nähe befände; aber selbst sie vermag nicht der vollen, wahren Erkenntnis Gottes teilhaftig zu werden. Dass überhaupt für die Intelligenzen der Ausdruck „Chajot" (Tiere) gebraucht wird [2]), und ihnen insbesondere die nur den Tieren eigenen Flügel zugeschrieben werden, geschieht zu dem Zwecke, um mit dieser Bezeichnung den hohen Abstand deutlich zu machen, der zwischen diesen Intelligenzen und Gott besteht; da für Gott die edelste Gestalt der Körperwelt, die des Menschen, gewählt wurde, so wurde für die Versinnbildlichung der Engel das vornehmste Bild aus der Tierwelt entlehnt.

Maimuni versuchte so die biblischen Engel mit den aus seinem philosophischen Systeme sich ergebenden Mittelwesen der getrennten Intelligenzen zu identifizieren. Er fühlte es aber, dass er damit den Begriff Engel, wie er ihm in der jüdischen Litteratur entgegentrat, und wie er im Bewusstsein seiner Zeitgenossen lebte, nicht erschöpft hatte, und fügte daher noch weitere Erklärungen hinzu. In diesen sehen wir erst recht, wie es ihm darum zu thun war, einerseits den Begriff Engel, wie er sich als eine Art göttlicher Mittelwesen, die selbständig wirken und die Natur verändern, herausgebildet hatte, zu eliminieren, andererseits jedes Anstössige, das sich bei der Annahme solcher Wesen ergiebt, aus dem jüdischen Schrifttume zu entfernen oder zu erklären.

Der Ausdruck Engel מלאך, meint [3]) Maimuni, wird in der Bibel und von den Rabbinen gemäss der ursprünglichen Bedeutung des Wortes „Bote" zunächst überall da angewendet, wo gesagt werden soll, dass etwas in Vollziehung des göttlichen Willens geschieht. Es werden die „getrennten Intelligenzen" und Sphären Engel genannt, weil sie den ihnen von Gott gewordenen Auftrag in der Leitung der Natur vollziehen. Es wird ebenso jeder Mensch oder jedes Ding, durch dessen Vermittelung in gleicher Weise ein von Gott gewolltes Wirken zur Thatsache wird, dessen sich somit Gott als Werkzeug

---

[1]) Diese 10 Klassen von Engeln werden More II, 4 zu 10 Engeln, die die Sphären leiten.
[2]) More I, 49; Le Guide I, 177.
[3]) More II, 6; Le Guide II, 68 ff.

bedient, in Bezug hierauf als Engel Gottes bezeichnet. So werden vor allem die Propheten, die Gottes Willen den Menschen verkünden und in seinem Auftrage handeln, Engel, d. i. Boten Gottes genannt. Ja selbst die Handlungsweise von Tieren und leblosen Dingen, wenn sie in einem bestimmten Falle der göttlichen Absicht entsprechend sich vollzieht, wird als von einem Engel vollführt bezeichnet, weil eben in solchem Falle die Tiere und die leblosen Dinge die Werkzeuge Gottes sind. Insbesondere werden die Kräfte, die Gott in die Natur gelegt, mit dem Ausdrucke Engel bezeichnet. Die heilige Schrift lehrt, dass Gott die Welt durch Vermittlung der Engel leitet, d. i. durch die getrennten Intelligenzen und die in die Natur gelegten fortwirkenden Lebenskräfte. Es ist namentlich die biblische Erzählung[1]) von der Beratung Gottes bei der Erschaffung des Menschen und die rabbinische Auslegung derselben[2]) so zu verstehen, dass Gott den Menschen geschaffen mit Rücksicht auf die bereits zuvor für die Natur bestimmten Gesetze und die in ihr wirkenden Kräfte, denen entsprechend er geartet und gebildet wurde. Denn diese Kräfte, durch deren Wirksamkeit die Welt besteht, werden eben Engel genannt. Dass jede Kraft nur in der ihr eigentümlichen Weise wirkt, deuten die Rabbinen in ihrem Ausspruche an[3]): Ein Engel kann nicht zwei verschiedene Missionen ausführen, und für eine Mission giebt es nicht zwei Engel. Da nun täglich unzählige Kräfte und Wirkungen den Willen Gottes ausführen, so wird dies in der allegorischen Sprache der Alten in der Weise ausgedrückt[4]), dass Gott an jedem Tag unzählige neue Engel erschafft, die Lobgesänge anstimmen und dann wieder verschwinden. Dieser Ausspruch ist neben anderen, welche die Ewigkeit der Engel behaupten, so zu verstehen, dass die Kräfte, welche in den einzelnen Individuen zum Vorschein kommen, in immerwährendem Entstehen und Vergehen begriffen sind, die Kräfte der Arten jedoch in steter Wirksamkeit verharren. Allein sowohl die individuellen Kräfte, wie die in Art und Gattung sich äussernden, werden in gleicher Weise als Engel bezeichnet[5]). Ja selbst die Triebe im Menschen werden unter den

---

[1]) I. M. 1, 26.
[2]) Talm. b. Sanhedrin 38b, Talm. jer. das. I, 1. p. 18a; Bereschit rabba c. 12.
[3]) Bereschit rabba c. 50.
[4]) Das. c. 78.
[5]) Im Anschluss an Daniel 7,10 wird im talmudischen und späteren Schrifttum öfter (so ausser Ber. rabba c. 78. Talmud b. Chagiga 13b und 14a Echa rabbati zu 3, 22, Pirke d' Rabbi Elieser c. 4, Ma'jan Chochmah in

Ausdruck Engel gefasst, wenn man andeuten will, dass sie in Erfüllung einer göttlichen Absicht wirken, wie dies die Rabbinen im Midrasch (Bereschit rabba c. 85) bezeugen. In noch zutreffenderer Weise werden die höheren geistigen Kräfte des Menschen [1], wie Phantasie und Vernunft als Engel und Cherub bezeichnet [2]. Die Kräfte der Natur und die Anlagen des Menschen sind somit im allgemeinen die Engel, deren sich Gott bedient. Maimuni verspottet [3] diejenigen, die sich nur bei der landläufigen, volksthümlichen Auffassung der Engel beruhigen können. „Schädlich und verderblich ist in dieser Angelegenheit die blinde Unwissenheit. So mancher.

Bet ha-Midrasch I, 59) das Thema von den Klassen der täglich neugeschaffenen Engel in poetischer Weise behandelt, und ihr Verhältnis zu den ewig bleibenden erörtert. Unter den jüd. Religionsphilosophen vor Maimuni hat ausser **Bachja ibn Pekuda** (Chobot ha-Lebabot I, 6), Ibn Esra, Bibelkommentar zu l, M. 32, 25. und II, M. 23, 21, insbesondere **Jehuda ha-Levi** sich hierüber geäussert, ohne jedoch, wie es in seiner Art lag, die **Identifizierung der ewigen Engel mit den getrennten Intelligenzen** mehr als anzudeuten. „Mancher Engel wird für eine bestimmte Zeit aus den feinen Elementarkörpern gebildet, manche sind für die Ewigkeit geschaffen; das sind **vielleicht die geistigen Wesen, von denen die Philosophen sprechen**; eine Ansicht, die wir weder widerlegen noch bestätigen wollen. Zu zweifeln ist nur, ob die von Jesaia, Ezechiel und Daniel gesehenen Engel zu den für ein augenblickliches Bedürfnis geschaffenen, oder zu den geistigen, dauernden Gestalten gehören." Kusbri IV. § 3. S. 317.

[1] Midrasch Kohelet zu 10, 20.

[2] Wenn Maimuni Hilchot Tefillah c. VII § 5 das im Glauben, dass der Mensch von zwei Schutzengeln begleitet wird (cfr. T. b. Sabbat 119b, Chagiga 16a) festgesetzte Gebet aus T. b. Berachot 60a ohne jede Bemerkung anführt, so kann dies mit seiner Anschauung nicht recht in Einklang gebracht werden, da er diese Schutzengel More III, 22. bloss als guten und bösen Trieb auffasst. Es sei denn, dass Verstand und Einbildungskraft, die er an unserer Stelle ebenfalls als Engel auffasst, darunter zu verstehen seien. Der Sinn dieses, alsdann bloss als Ermahnung und Erinnerung geltenden, Ausspruches wäre der, der Mensch solle, während er der Natur der Körperlichkeit den schuldigen Tribut zollt, seinen Verstand und seine Phantasie frei halten von jeder Beschäftigung mit Höherem. Diese Erklärung dürfte jedoch gesucht erscheinen. Es läge viel näher, anzunehmen, dass Maimuni bei seiner Codifizierung der Halacha diese talmudische Bestimmung mit aufgenommen, ohne es zu beachten, dass sie nach seiner philosophischen Erklärung vielleicht nicht ganz berechtigt sei, was freilich nicht zu jenen Fällen stimmt, wo er die Halacha von seinem philos. Standpunkte aus entscheidet, wovon später die Rede sein soll. Dagegen hat dieses Gebet seine volle Berechtigung Kusari III, 11, da Jehuda ha-Levi die Persönlichkeit der Engel an dieser Stelle behauptet, und nur insoweit von der talm. Anschauung abweicht, als er bloss den Frommen Engel zu Begleitern giebt.

[3] More II, 6; Le Guide II, 70—71.

der sich zu den Weisen in Israel zählt, würde, so man ihm sagte, dass Gott einen Engel in den Mutterleib sendet[1]), um dort das Embryo zu bilden, dies buchstäblich glauben und wohlgefällig aufnehmen, darin die Grösse der göttlichen Macht und Weisheit sogar erkennen; ferner, dass dieser Engel aus verzehrender Feuerflamme gebildet ist und an Grösse dem dritten Teile der Welt gleichkommt, hielte er gewiss in Bezug auf Gottes Macht für möglich. Dahingegen würde derselbe sich gegen eine Anschauung verwahren, die da meinte, dass der Ewige in den Samen die die Glieder bildende und gestaltende Kraft gelegt hat, und dass sie Engel genannt wird: oder dass der „waltende Fürst der Welt", von dem die Rabbinen sprechen, der thätige Intellekt ist, dessen Einwirkung alle Formen ihr Entstehen verdanken. Ein solcher Mann begreift nicht diese wahrhafte Macht und Grösse Gottes, die darin besteht, wirkende Kräfte in einem den Sinnen entrückten Gegenstande hervorzurufen."

In solcher Weise gewinnt bei Maimuni der Begriff Engel eine ganz andere Bedeutung, als er im früheren jüdischen Schrifttume und im Volksbewusstsein bis dahin gehabt. Maimunis „getrennte Intelligenzen" bedeuten keineswegs jene alten, selbständigen persönlichen Wesen, die Gottes Thron umgeben. Den letzten Rest vom persönlich gedachten Mittelwesentum verflüchtigt Maimuni dadurch, dass er es zu einer blossen Bezeichnung von Naturkräften degradiert. Seinem philosophischen Standpunkte entspricht es, den „Fürsten der Welt" mit dem νοῦς ποιητικός, dem „wirkenden Intellekt", zu identifizieren, doch ist dies aber keineswegs jener „Fürst der Welt", der als höchster Engel und gleichsam als Stellvertreter Gottes über die Welt gesetzt, wie er im Volksglauben lebte, und, wenn auch nicht im Talmud[2]), so doch in der poëtanischen Litteratur[3]) vielfach gefeiert wurde. Wenn auch Maimunis Vorstellung der rein jüdischen von der Erhabenheit Gottes, die keine selbständigen Mittelwesen neben ihm duldet adäquater ist, so befand sie sich doch im Widerspruche mit den zur Zeit herrschenden Anschauungen, nur so ist es erklärlich, dass die späteren Lehrer, wenn sie Maimunis

---

[1]) Cfr. Tractat von der Bildung des Kindes (Jellineks Bet ha-Midrasch, I. 193).

[2]) Talm. b. Sanhedrin 94a, Jebamot 16b, Chullin 60a, wo bloss vom שר העולם gesprochen wird.

[3]) Namentlich in dem für das Freudenfest bestimmten Gebete השר המשרת נער נקרא הוא מטטרון הנכבד והנורא, und in der Bezeichnung שר הפנים vielfach in „Hechaloth" und im „Henochbuche".

Ansichten auch selten bekämpften, sie doch nicht ausdrücklich annahmen.[1])

Ebenso wenig wie Maimuni den Engeln als Naturkräften Realität zuerkennt, thut er dies bei den Engeln in den Erscheinungen der Propheten. Hier nimmt er bloss Visionen an[2]), und erklärt die verschiedenen Gestalten, die den Engeln beigelegt werden, als durch den verschiedenen Grad der Prophetie bedingt[3]). Noch entschiedener rationalistisch als in Bezug auf die Engellehre ist Maimunis Anschauung betreffs böser Geister. Hierin nimmt er geradezu eine oppositionelle Stellung gegenüber allen anderen jüdischen Raligionsphilosophen ein, welche die wirkliche Existenz von Dämonen mit Rücksicht auf talmudische Stellen anerkennen[4]). Maimuni leugnet sie direkt; er muss dieses thun, da in seinem mechanischen Weltsysteme kein Platz sie unterzubringen vorhanden

---

[1]) **Nachmanides** und **Abarbanel**, die sonst Maimunis Ansichten vielfach sich anschliessen, gehen hier eigene Wege, denn trotz der meisterhaften Umdeutung, die Maimuni den Ansprüchen der Talmudlehrer betreffs der Engellehre zu geben verstanden, erkennt man in ihr doch die künstliche Erklärung. Auch sah man sich schon durch die althergebrachte Liturgie gezwungen, persönliche Engel anzunehmen. Direkt wird diese Lehre Maimunis unter anderen von Schemtob, namentlich Emunot IV 1. p. 24 b ff.; 19 p. 46 b ff. u. a. v. a. St. bekämpft. Auch in nicht jüdischen Kreisen erhoben sich Stimmen gegen eine solche Beschränkung in der Engellehre. Es sei hier nur hingewiesen auf Thomas von Aquino, Contra Gentil. II, 92. Summa Theol. I, 52, 2; sowie auf dessen Lehrer Albertus Magnus, Summa Theol. II. p. 76 ed. Jamy (Lugduni 1651), De Causis, p. 563. — Vgl. Joël, Verhältnis Albert d. Grossen zu Moses Maimonides. Breslau 1876. S. 19, Anm. 2, S. 20 Anm. 1, und Guttmann, Das Verhältnis Thomas von Aquino zum Judentum und zur jüd. Litteratur. Göttingen 1891. S. 73 ff und S. 74 Anm. 2.

[2]) More II, 6; Le Guide II, 73 ff.

[3]) More II, 42; Le Guide II, 319. Vgl. dazu Nachmanides, Bibelkommentar zu I. M. 18, 2, und Abarbanel, Kommentar zu More II, 42. Maimunis Ansichten über Prophetie s. Joël, Verhältnis, p. 21 ff.; Joël, die Religionsphilos. d. Maimonides. S. 56—65; Guttmann, Verhältnis S. 75—79; Sandler, Das Problem der Prophetie in der jüd. Religionsphilosophie von Saadja bis Maimuni. Breslau 1890.

[4]) Manche jüdische Gelehrte der spanischen Schule haben, der ganzen Zeitanschauung Rechnung tragend, gezwungen durch einzelne Aussprüche der talmudischen Lehrer und durch gewisse aus dem Geisterglauben gezogene, bereits bestehende halachische Consequenzen, die Existenz von Dämonen zugegeben. Dieses konnte um so eher geschehen, als sie persönliche Engel, die zu jeder Zeit helfend und schützend eingreifen, anerkannt, als deren Gegenstück die schädigenden Dämonen, deren Beschaffenheit der Natur jener ähnlich war, anzusehen sind. Aber andererseits machten sich schon vor Maimuni

war. Wenn in demselben die Engel, wenn auch in geringer Anzahl, noch zu den Sphären sich retten konnten und die Aufgabe übernehmen, deren leitende Geister zu sein, so blieb für böse Geister gar keine Aufgabe zurück, selbst nicht die, als Erzeuger der Übel zu funktionieren. Die Frage, woher die Übel in der von einem allgütigen Gotte geschaffenen Welt stammen, war mit Veranlassung dafür, böse Geister anzunehmen [1]). Diese Frage wird jedoch von Maimuni in einer Weise gelöst, die solche böse Geister entbehrlich macht, ja ausschliesst. Die Ursache aller Übel, die überhaupt nur relativ [2]) sind, liegt, wie oben bereits hervorgehoben wurde, in der Beschaffenheit der Materie [3]), die an sich Privation trägt und infolge dessen die Ursache des Vergehens in sich enthält. Den Grund für diese mangelhafte Beschaffenseit der Materie können wir erblicken in der Absicht Gottes, ein fortwährendes Werden zu erzeugen, da das ununterbrochene Sein in dem steten Entstehen des einen, bedingt durch das Vergehen des andern [4]), liegt. Sind aber Übel nur eine Folge der von Gott hervorgebrachten und in der angegebenen Weise mangelhaft beabsichtigten Materie, so sind die Übel selbst auch von Gott hervorgebracht, und sie gehören mit hinein in die von Gott gewollte Weltordnung. Es ist also eine unnütze und zugleich durch nichts gerechtfertigte Annahme, böse Geister als Erzeuger der Übel anzusehen. Dies versucht Maimuni auch als Auffassung der Lehrer des Talmuds nachzuweisen. Er geht dabei aus [5]) von dem Ausspruche des R. Simon ben Lakisch [6]), welcher lautet: „Der Satan, der zum Bösen führende Trieb und der Todesengel ist ein und derselbe," und von einem anderem talmudischen Satze [7]): „Er steigt herab und verführt, er steigt hinauf und klagt an, nimmt Erlaubnis und trägt die Seele davon." Er erklärt, dieses

---

Stimmen gegen den Dämonenglauben geltend, und es war kein geringerer als der Gadon Saadja, der in seinem Kommentare zu Iob, den Satan als menschlichen Gegner Iobs fasst, und so eine Hauptstelle, die in der Bibel den Dämonenglauben stützt, demselben entzieht; cfr. Munk, Notice sur Rabbi Saadja Gaon. Paris. 1838. p. 8. Anm.

[1]) S. oben S. 30.
[2]) More III, 10; Le Guide III, 62.
[3]) More III, 8; Le Guide III, 44 ff.; s. auch More I. Einleitung — Le Guide I, 21.
[4]) More III, 10; Le Guide III, 58—64.
[5]) More III, 22; Le Guide III, 159—171.
[6]) Talm. b. Baba Bathra 16a.
[7]) Das.

Wesen, das so mannigfache Bezeichnung hat, und dem so verschiedenartige Aufgaben zufallen, sei eine blosse Allegorie. Es ist darunter die dem Stoffe der sublunarischen Welt anhaftende Privation zu verstehen, die Ursache alles Bösen, wie aller Vergänglichkeit. Die der Materie anhaftende Privation ist in der Welt nicht Selbstzweck, sondern dient nur mit zur Verwirklichung der von Gott beabsichtigten Zwecke und wird daher auch im Bilde des Satans dargestellt, der sich einfindet unter den Söhnen Gottes, die die schaffenden Naturkräfte bezeichnen, ohne dass er wie jene die Pflicht hätte, vor Gott zu stehen [1]). Die infolge der Materie dem Menschen anhaftende Schwäche, welche Ursache seiner Fehler und im weiteren Verlaufe auch seines Todes ist, haben die Weisen, da sie mit in die von Gott geschaffene Ordnung der Welt hineingehört [2]), ebenfalls als Engel bezeichnet und legten ihr, wie sie sie Vernunft als guten Engel bezeichneten, die Bezeichnung eines bösen bei [3]). So will Maimuni die philosophische Anschauung, zu der er sich bekennt, dass die Übel und der Tod ihre Ursache in der Unvollkommenheit der Materie haben, im Gedankengange der alten Lehrer wiederfinden, und ihre die Dämonen betreffenden Aussprüche als allegorische Einkleidung betrachten. Als eine solche Allegorie will er [4]) auch aufgefasst wissen die Erzählung [5]) vom Dämonenfürsten Samaël, der in Gestalt eines Reiters die Eva zur Sünde verführte, was besagen soll, dass das Begehrungsvermögen zuerst auf die an die Materie geknüpfte Einbildungskraft wirkt und diese zum Untergang führt, und dass

---

[1]) Über die Auffassung dieses Abschnittes vgl. die älteren Kommentare, bes. den des Schemtob; ferner die Bemerkungen Scheyers, namentlich S. 137 Anm. 7, u. 139 A. 9; Le Guide III, 162 n. 1, 2. 3; 165 n. 1.

[2]) Der Ausspruch der Weisen (Aboth V, 8), dass die Dämonen am Abende des sechsten Tages geschaffen seien, welchen Maimuni in seinem Mischnakommentare unerklärt lässt, liesse sich nach der hier entwickelten Anschauung in seinem Sinne etwa folgendermassen deuten. Am Abende des sechsten Tages, als die ganze Schöpfung abgeschlossen dalag, wurde die mit dem geschaffenen Stoffe verbundene Privation, die zu dessen Vernichtung führt, sichtbar. Als die von Gott hervorgerufenen Gutes wirkenden Naturkräfte thätig waren zur Ordnung und Erhaltung der Dinge, machten sich auch, die zu ihnen parallel laufenden Erscheinungen der Zerstörung und des Vergehens alles materiellen Seins geltend.

[3]) Talm. b. Sabbat 119 b.
[4]) More II, 30; Le Guide II, 248.
[5]) Pirke d'Rabbi Elieser c. 13.

dann erst die durch Adam repräsentierte reine Vernunft¹) in Mitleidenschaft gezogen wird.

Wie der Begriff Dämon so auf die zerstörenden und vernichtenden Folgen der Privation, auf die aus ihr sich herleitenden äusseren Übel, auf Mangel und Gebrechen angewendet wird, in gleicher Weise kann dies auch in weiterer Übertragung sogar in Bezug auf den inneren Menschen geschehen, sobald negative, schadenbringende Eigenschaften in seinem Charakter Sünde und Abfall bewirken. So erklärt Maimuni²) höchst rationalistisch die Erzählung von Adam³), da er während 130 Jahre nach seiner Versündigung in göttlichem Banne sich befand, Geister, Dämonen und Gespenster und erst nach Ablauf dieser Zeit den Seth in seinem Ebenbilde zeugte. Die früheren Kinder, meint Maimuni, seien Menschen gewesen, werden aber als Gespenster und Dämonen bezeichnet, weil ihnen dasjenige fehlte, was erst den Menschen zum Menschen macht, das Ebenbild Gottes, d. i. die aktuelle Erkenntnis des Hohen und Göttlichen. Solange der Mensch diese ihm erst wahre menschliche Form verleihende Erkenntnis nicht erlangt, ist er bloss Tier in menschlicher Gestalt; er unterscheidet sich nur darin vom Tiere, dass er die Fähigkeit besitzt, jegliche Art Schaden anzurichten. Denn Erwägung und Überlegung, welche bestimmt sind, Vollkommenheit erreichen zu helfen, dienen ihm jetzt dazu, Schliche und Kniffe ausfindig zu machen, um Böses auszuführen. Er ist noch ein Ding, das dem Menschen nur wie nachgebildet oder ähnlich ist. Solcherart waren die Menschen vor Seth, die um dessentwillen Dämonen genannt werden⁴).

Aber eine solche Allegorisierung und Umdeutung allein konnte Maimuni noch nicht genügen. Er hatte in den Aussprüchen vieler Talmudlehrer einen Glauben an Dämonen vor sich, der so weit ging, selbst ihre Beschaffenheit⁵) anzugeben und selbst bei so mancher

---

¹) Über die Symbolisierung des νοῦς ποιητικός als Adam, der Materie als Eva und der Einbildungskraft als Schlange vgl. die Kommentare zu More II, 30. ferner Le Guide das. 248 n. 1. und 249 n. 1—4; cfr. das Schreiben an Chasdai ha-Levi, Kobez II, 24a col. 2.
²) More I, 7; Le Guide I, 51.
³) Talm. b. Erubin 18b; vgl. Bereschit rabba c. 20 und c. 24.
⁴) Siehe die klare Ausführung Abarbanels in seinem Kommentar zur Stelle.
⁵) Über die Natur der Engel und Dämone cfr. Talm. b. Chagiga 16a. Daran anknüpfend erklärt auch Nachmani (Dissertation S. 12) im Namen des R. Meier die Natur der Engel und Dämonen für verwandt und teilt nach dem Aufenthaltsorte, Himmel, Luft oder Erde, die sämtlichen Mittelwesen

halachischen Bestimmung auf sie Rücksicht zu nehmen, und die späteren Generationen haben nicht mehr so leicht von diesem Glauben gelassen¹). Diesen gegenüber musste Maimuni bei seiner abweichenden Anschauung Stellung nehmen, und er that dies, entsprechend den zu bestreitenden Äusserungen in verschiedener Weise.

in drei Klassen, in Engel, Dämonen und Geister: כבר פירשו רבינו מאיר ז"ל בתשובה ואמר כי השכלים מהם שוכנים בשמים כמו שדורו גם הפילוסופים והם הנקראים מלאכים, ויש מהם שוכני האויר בגלגלי היסדות והם נקראים שדים, ומהם השוכנים בארץ והם הנקראים רוחות, ואלו מתלבשים בגוף נתפש נתפש כהתפש האויר שהוא נתפש בנודות ושרי המזל שעליהם מורה העתידות על ידי העופות בקול ובכנף. Ähnliche Einteilungen und Beschreibungen bei den Neuplatonikern cfr. Zeller, a. a. O. S. 570, 669.

¹) Sowohl in vor- wie nachmaimunischer Zeit waren selbst hochbegabte und einsichtsvolle Männer dem Dämonenglauben zugethan. Abgesehen von Jehuda ha-Levi, der deren Sein im allgemeinen anerkennt (Kusari II, 62; III, 73 und besonders V, 14), dazu wohl veranlasst durch seine ganze Richtung, die in der Hochhaltung des traditionell überlieferten Glaubens gipfelt, während er sich nicht darauf einlässt, ihre Realität zu beweisen oder zu verteidigen — da ja auch in seinem Dialog der Bekenner des Christentums, wie der des Islams und nicht minder der neuplatonische Philosoph dieselbe zugiebt — treten für das Vorhandensein der bösen Geister selbst in nachmaimunischer Zeit bedeutende Männer ein. Es seien unter anderen an dieser Stelle genannt: Salomon ben Aderet, Responsum No. 413, Isak ben Scheschet, Resp. No. 92, Chasdai Crescas, Or Adonai IV, 6; Abr. Schalom in N'we Schalom II, 1. Dass Menasse ben Israel, der gleich seinen Zeitgenossen dem Hexenglauben ergeben war, die Realität von Geistern eingehend nachzuweisen gesucht (Nischmat Chaim III, 12), braucht nicht erst gesagt zu werden. Ebenso erklärlich ist es, dass der reaktionäre Bekämpfer der Philosophie Schemtob, das Vorhandensein böser, unreiner Geister annimmt und Maimuni gegenüber verteidigt, so dass er ein Emanationssystem für dieselben, analog dem für die Engel aufstellt (Emunot V, 1—2, p. 47b—53a). Zur Charakterisierung der Art, wie sich die jüdischen Denker Dämonen vorstellten, seien die Worte Nachmanis (Bibelkomm. zu Leviticus 17, 7) angeführt, zumal sie trotz der Vermischung mit philosophischen Erklärungsversuchen auch Elemente aus der Volksanschauung enthalten: „Die Dämonen werden wahrscheinlich deswegen „Seïrim" (Böcke) genannt, weil sie in Bocksgestalt den Besessenen erscheinen, und „Schedim" von ihrem Aufenthalt gewöhnlich in verlassenen, öden und wüsten Gegenden. Ihre eigentlichen Heimstätten sind die äussersten Grenzgebiete der Erde, weil diese, wie der Norden infolge der hohen Kälte, verödet sind. Es ist zu bemerken, dass wie bei der Schöpfung die Bildung des menschlichen Körpers und des der Tiere, der Pflanzen und Mineralien aus den vier Elementen erfolgte, indem alle vier durch die göttliche Kraft sich zu einem dichten, den fünf Sinnen wahrnehmbaren Körper vereinigten, so auch eine Bildung bloss aus zwei Elementen, aus Feuer und Luft zustande kam, in einem Körper, der nicht fühlbar und für die Sinne nicht wahrnehmbar ist, gleich der Tierseele, die ebenfalls infolge ihrer Feinheit sinnlich nicht wahrnehmbar ist. Dieser

Um die Betrachtung der rationalistischen Erklärungsweise Maimunis fortzusetzen, sei noch auf die Erklärung des in der Mischna oft gebrauchten Ausdruckes רוח רעה (Ruach ra'ah) böser Geist hingewiesen. Ihn erklärt Maimuni an einer Stelle¹), als die allgemeine Bezeichnung für die Art von Krankheiten, die arabisch Melanhúlia heissen. Sie äussern sich darin, dass der Kranke die Gesellschaft flieht und beim Anblicke des Lichtes die ruhige Besinnung verliert, sich aber im Dunkeln und in der Einsamkeit beruhigt und zu sich kommt. Wir haben hier eine den bedeutenden Naturforscher und Arzt kennzeichnende nüchterne Auffassung jener Geisteskrankheit, die das Mittel-

Körper ist geistiger Art und schwebt wegen seiner Feinheit und Leichtigkeit im Feuer und in der Luft. Wie nun aber bei den vier Elementen die Zusammensetzung Ursache des Entstehens und Vergehens der Dinge ist, so ist dies auch der Fall bei der Zusammensetzung aus zwei Elementen. So lange dieselbe währt, lebt der Körper, er stirbt jedoch, wenn sie aufhört. Aus diesem Grunde äussern sich die Rabbinen (s. T. b. Chagiga 16a): Sechs Dinge gelten von der Natur der Dämonen: in dreien gleichen sie den Engeln und in dreien den Menschen. Sie haben Flügel, schweben umher und wissen, d. h. erfahren das Zukünftige im voraus, wie die Engel; nehmen Nahrung auf, pflanzen sich fort und sterben wie die Menschen. Ursache des Todes ist wie bei allen Zusammensetzungen die Auflösung, Ursache des Schwebens die Leichtigkeit der Bestandteile, wie wir dies schon bei den Vögeln sehen. Sie fliegen beim Überwiegen der feurigen und luftigen Bestandteile, um so leichter können die Dämonen, denen die schweren Bestandteile gänzlich fehlen, ohne zu ermüden, umherschweben. Ihre Speise besteht darin, dass sie aus dem Feuer und Wasser Gerüche und Dämpfe aufsaugen, in der Weise, wie Feuer Wasser aufleckt. Dies ist der Grund, weswegen die Nekromanten den Dämonen Räucherungen darbringen. Sie bedürfen der Nahrung, weil das atmosphärische Feuer ihren Leib austrocknet, in gleicher Weise, wie die Menschen müssen sie die verlorenen Stoffe durch Speise ersetzen. Die Zukunft erfahren sie bei ihrem Umherschweben im Äther von den daselbst befindlichen Fürsten der Planeten d. i. von den Vorgesetzten des Tali (Drachen). Von dort aus verkünden sie durch die Vögel die Zukunft, wie es durch Zauberei erprobt ist. Jedoch kennen sie nicht die späte Zukunft, sondern nur die nächste. So behält das Schriftwort Recht, dass sie keinen Nutzen gewähren, denn sie sind nicht imstande, den bevorstehenden Schaden abzuhalten, noch vermögen sie die ferne Zukunft voraus zu verkünden, so dass der Mensch, wenn er sie wüsste, sich in acht nehmen könnte." Ähnlich wie Nachmani beschreibt Obadja Sforno (Bibelkomm. das.) die Natur der Dämonen.

¹) Mischnakommentar zu Sabbat II, 5: רוח רעה קוראין לכל מיני החולין הנקרא בערבי מלנכוליא כי יש מין מן החולי הזה שיברח החולי ויבדל מן חברת האנשי הממוצע כאשר יראה האור או כשיתחבר עם בני אדם וישתטש ותנוח נפשו בחשך ובהתבודדות בעת השתוממות. Es ist also eine bei Melancholikern bis zum Wahnsinn sich steigernde Trübsinnerscheinung. Das in unseren Drucken befindliche מלקיניא ist verstümmelt aus dem arab. מלנכוליא.

alter fürchtete, und für die es keine andere Erklärung als das unmittelbare Eingreifen des Teufels wusste. Dieser mittelalterlichen Anschauung tragen die anderen Mischnaerklärer [1]) auch wirklich Rechnung.

In noch allgemeinerem Sinne fasst Maimuni an einer anderen Stelle [2]), auch hier im Gegensatze zu den anderen Kommentatoren [3]), diesen Ausdruck Ruach Ra'ah auf als eine Bezeichnung für jeglichen Schaden, welche seine Veranlassung auch immer sein mag, sofern nur kein Mensch dessen Ursache ist. Aber nicht bloss mit den anderen Kommentatoren, sondern auch direkt mit der von Lehrern des Talmuds gehegten Meinung befindet sich Maimuni im Widerspruch mit seiner Erklärung von Kardiakos [4]). „Es ist dies, meint er, eine Krankheit, die in Folge der Überfüllung der Gehirnkammern mit Säften entsteht, und stellen sich bei ihr Wahnsinnserscheinungen ein; diese Krankheit gehört zur Klasse der epileptischen [5]) Krankheiten." Krankheit also und sonstige zufällige, jedoch natürliche Schäden sind lediglich alle dem Menschen zustossende Leiden, auch wenn sie in aussergewöhnlicher Form auftreten. Diese wenigen, aber charakteristischen Beispiele mögen genügen, um zu zeigen, wie Maimuni in seinem Bestreben, alles Abergläubische und Dämonische zu beseitigen, der Mischna, selbst gegen den Wortlaut der Gemara, einen rationalistischen Sinn zu geben sucht. Er thut dies mit dem vollen Bewusstsein, dass er sich in einen solchen Widerspruch setzt; er giebt auch mit offenem Freimut den Grund an, welcher ihn ver-

---

[1]) So Obadja Bertinoro: מפני רוח רעה השורה עליו. Es ruht ein Dämon auf den Kranken.

[2]) Mischnakomm. Erubin IV. 1: רוח רעה קוראין לכל היזק שאינו בא מיד האדם מאיזה סבה שתהיה.

[3]) So schon Raschi: שנכנס בו שד ונטרפה דעתו. Ein Dämon ist in den Menschen gefahren, und infolge dessen ist sein Verstand wirr.

[4]) Mischnakomm. Gittin VIII, 1: קורדייקוס חולי מתחדש ממלוי חדרי המח ומתבלבל הדעת מפני כך והוא מן ממיני חולי הנופל. Dagegen fasst schon der Talmud (b. Gittin 67b) Kardiakos als Namen eines Weindämons auf. Der Vertreter dieser Meinung ist Samuel. Sie haben die Kommentatoren zu der ihrigen gemacht; so Raschi שם שידה כששותה יין הרבה מניחו Kardiakos ist der Name jenes weiblichen Dämons, in dessen Gewalt man gelangt, wenn man vielen Wein direkt aus der Kelter trinkt; ebenso Obadja Bertinoro: נתבלבל דעתו מחמת שד השולט על השותה יין חדש. Er ist verwirrten Sinnes durch den Dämon, der seine Macht über denjenigen hat, welcher jungen Wein getrunken.

[5]) Also auch die Epilepsie ist eine natürliche Krankheit. Man erwäge, dass der Talmud sie als Aeusserung der Besessenheit ansieht (מי שכפאו שד), und dass man im Altertum und Mittelalter allgemein die gleiche Anschauung von dieser „heiligen" Krankheit hatte.

anlasst, bei Aussprüchen des Talmuds, die solcher abergläubischen Vorstellung Rechnung tragen, denselben nicht zu folgen. Er meint, dieselben seien entweder hagadischen Inhalts oder die vereinzelte Ansicht eines Lehrers [1]), in beiden Fällen weder massgebend noch bindend. Es ist oft der Fall, dass die Späteren, veranlasst durch die Autorität des Berichterstatters auf anderen Gebieten auch in Bezug auf Dämonenglauben seine Anschauung für massgebend halten und sie beachten. Hiermit thun sie Unrecht. Wer daher seine Meinungen, die sich auf Wissen und Einsicht stützen, mit Argumenten, die aus dem Traditionsschrifttum hergeholt sind, bekämpfen will, der hintergeht und täuscht sich selbst [2]).

Diesem Grundsatze gemäss verfährt Maimuni in seinem halachischen Werke. Alle Bestimmungen, die in derartigen superstitiösen Vorstellungen begründet sind, übergeht er entweder ganz mit Stillschweigen, oder sucht für sie einen rationellen Grund aufzufinden [3]).

---

[1]) S. Kobez II, 26a col 2; Igg'roth 17a.
[2]) Vgl. Kobez I, 34b col. 1: וכל המניח דברים שביארנו שהם בנויים על יסודי
עולם והילך ומחפש בהגדה מן ההגדות או במדרש מן המדרשים או בדברי מן הגאונים ו"ל
עד שימצא מלה אחת ישיב בה על דברינו שהם דברי דעת ותבונה אינו אלא מאבד עצמו
לדעת ודי לו מה שעשה לנפשו.
[3]) So übergeht er u. A. talmudische Bestimmungen, die später von R. Jakob ben Ascher und R. Josef Karo in Tur und Schulchan-Aruch als bindend aufgenommen wurden, trotzdem ihre Voraussetzungen dem Dämonenglauben entnommen sind, z. B. Berachot 51a — Orach Chaim c. 4, Pesachim 112a — Or. Chaim das., Sabbat 12b — Or. Chaim c. 101, Jebamot 122a — Eben ha-Eser c. 16, Gittin 66a — Eben ha-Eser c. 141, Sanhedrin 101a — Jore-Dea c. 179, ebenso Megilla 3a, Sanhederin 44a u. v. a. St. Wo im Talmud für eine Bestimmung mehrere Gründe angegeben sind, führt Maimuni nach Hinweglassung des superstitiösen bloss die anderen an, so führt er Hilchot Tefillah VI, 5 und Hilch. Rozeach XII, 6 für die Bestimmung in Berachot 3a als einzige Begründung Lebensgefahr an, wogegen R. Josef Karo in Or. Chaim c. 90 als weitere Begründung Dämonengefahr angiebt; in gleicher Weise lässt M. in Hilch. Sabbat I, 7, den Grund מפני רוח רעה, welcher ja auch nach seiner Erklärung (Mischnakomm. zu Sabbat II, 7, vgl. oben S. 45) mit בשביל התחלה zusammenfällt, ganz weg im Gegensatze zu Or. Chaim c. 278, u. s. w. Vgl. hierüber auch J. H. Weiss in Bet-Talmud I, p. 228. In besonderer Weise sucht M. in der Begründung der biblischen Gesetze, welcher er einen grossen Teil seines More (III c. 29—50) widmet, jeden Schein eines abergläubischen Grundes von denselben fernzuhalten. Als Beispiel einer verständigen Begründung kann angesehen werden die für das Schofarblasen am Neujahrstage. An diese Vorschrift knüpfen sich schon im Talmud (b. Rosch ha-Schana 16a und 16b) verschiedene mystische Bemerkungen, so meint u. a. R. Jizchak, die Schofarklänge dienen dazu, den anklagenden Satan zu verwirren, daher komme es, dass in Jahren, in denen am Neujahrstage der Schofar nicht ertönt, derselbe infolge

Nur wenige Gesetzesbestimmungen, deren Verbindlichkeit er anerkennt, für welche er aber einen rationellen Grund nicht anzugeben vermag, führt er ohne jegliche Bemerkung an, gleichsam in der stillen Voraussetzung, dass wohl ein solcher vorhanden sein müsse, wenn er ihn auch nicht kenne.

Zur Vervollständigung der Ansichten Maimunis über Dämonenglauben sei hier noch ein wichtiger Punkt besprochen. Wohl äussern sich an verschiedenen Stellen, meint Maimuni, die Rabbinen im Talmud über die bösen Geister als über wirklich existierende Wesen, nicht aber als ob dies ihre Meinung wäre, sondern sie sprechen da im Sinne der Nichtisraeliten. In solcher Weise beschäftigt sich schon die Bibel mit dem Dämonenglauben, der mit Götzendienst und astrologischem Wahne zusammenhängt. Das zur Zeit [1]) Moses weit verbreitete Volk der Ssabier pflegte nämlich den Glauben [2]) an böse, schädigende Geister, an die die Wüste bewohnenden Gulen, und gegen diese Anschauung wendet sich das göttliche Gesetz. Jene Heiden glaubten, dass die Einöden, Wälder und Wüsten bewohnenden Geister in Gestalt von Böcken erscheinen [3]), und bezeichneten sie daher mit dem Namen „Seirim" („Böcke"). Sie wünschten von ihnen die Zukunft zu erfahren und suchten zu diesem Behufe mit ihnen in Berührung zu treten. Sie verfuhren, um diese Absicht zu verwirklichen, in folgender Weise [4]). Da die Nahrung der Dämonen in Blut bestehen soll [5]), so assen auch sie, obgleich es ihnen für unrein galt, solches,

---

von Not und Unglück geblasen werden muss; diese Ansicht ist Or. Chaim c. 585 aufgenommen. Dagegen lautet die schöne Erklärung Maimunis: „Obschon das Schofarblasen am Neujahrstage eine biblische Satzung ist, so ist in demselben doch etwa folgender Sinn enthalten. Erwachet Schlafende, aus eurem Schlafe, und ihr Schlummernden ermuntert euch, sehet mit betrachtendem, prüfendem Blick auf eure Handlungen und geht in euch in Busse, so ihr eures Schöpfers gedenket. Diejenigen, welche das Wahre um zeitlichen Nutzens willen vergessen, das ganze Jahr hindurch mit Eitlem und Nichtigem, das weder nützt noch frommt, zubringen, sie mögen auf ihre Seele bedacht sein, Weg und Handlungen bessern: es lasse jeder von seinem bösen Wandel und seine schlechte Gesinnung." Hilch. T'schuba III, 4.

[1]) More III, 29; Le Guide III, 233.

[2]) Über den Glauben an Dämonen und deren Verehrung bei den Ssabiern s. das erste Kapitel des neunten Buches aus Fihrist-el-U'lûn des Muhamed ben Ish'âq en-Nedîm, angeführt bei Chwolson, Die Ssabier II. S. 24, 27, 31, 36.

[3]) More III, 46; Le Guide III, 362. Über Bocksgestalten vgl. Chwolson das. II. S. 733, Anm. 120; ferner Mannhardt, Wald- und Feldkulte I, 138.

[4]) More das.; Le Guide III, 371 ff.

[5]) Warum die Nahrung der Geister in Blut besteht, erklärt uns Obadja Sforno (Bibelkomm. zu III M. 17, 7) in folgender Weise: „Betreffs der Dämonen,

um durch die gemeinsame Nahrung eine Verbindung zwischen sich und jenen herzustellen [1]). Andere, denen der Blutgenuss zuwider war, da ja der Mensch natürliche Abneigung gegen dies empfindet, fingen das Blut des geschlachteten Tieres in einem Gefäss oder in einer Grube auf und verzehrten das Fleisch, um das Blut herumsitzend. Sie verbanden mit dieser Handlung die Vorstellung, dass, während sie das Fleisch essen, die Dämonen das Blut verzehren

---

deren Erschaffung nicht in der Bibel erwähnt ist, ist zu bemerken: Unsere Weisen nennen sie schädigende Geister und berichten, dass sie essen und trinken, sich fortpflanzen und sterben, selbst sehen, aber nicht gesehen werden. Dies kann nur zutreffen, wenn sie aus sehr feinem Stoffe bestehen. (Vgl. oben. S. 44. Anm. 1, die Ansicht Nachmanis.) Da sie Nahrung aufnehmen, muss diese aus einem sehr fein zusammengesetzten Stoff bestehen, damit sie sich in den zu ernährenden Körper umwandeln könne. Nun giebt es unter den zusammengesetzten Stoffen nichts Feineres als den Blutdunst, aus dem der die Lebenskraft tragende Odem besteht, und er bildet die Nahrung der Dämonen. Da sie aber diese sich nicht selbst verschaffen können, weil sie über Gewogenes, Gezähltes, Verschlossenes und Versiegeltes keine Macht haben, so erwirbt sich derjenige, welcher ihnen Blut, worin dieser Stoff enthalten ist, darbringt, ihre Freundschaft, und wer selbst Blut geniesst, erlangt eine der ihrigen ähnliche Natur, und sie lieben seine Gesellschaft.

[1]) Auch bei den Arabern war der Glaube verbreitet, dass man vermittelst des Blutes sich die Geister gewogen machen kann. So erzählt uns Kremer, Culturgeschichte des Orients II, 263, auf welche Weise die Adepten der Zauberkunst solche zu erlangen suchen; dabei spielt Blut eine wichtige Rolle. „Als eine solche Stätte der Zauberei und Geisterbeschwörung galt auch eine Höhle in Südarabien, die Haud-Kowrir hiess. Man glaubte, dass man sich dort die Zauberei aneignen könne. Zu diesem Behufe musste man eine schwarze Ziege schlachten und in sieben Teile zerlegen, die man in die Höhle trug; dann nahm man die Eingeweide, bestrich sich damit, bedeckte sich mit dem umgekehrten Fell und begab sich nächtlicher Weile in die Höhle. Vorbedingung war, dass der Zauberlehrling elternlos war. In der Höhle legte er sich nieder und schlief ein, indem er vorher in seinem Geiste den Wunsch, den er hatte, feststellte. Fand er bei dem Erwachen, dass sein Leib von aller Unreinigkeit befreit war, so bedeutete dies, dass sein Begehren erfüllt war. Er verliess dann die Höhle, musste aber noch drei Tage in unverbrüchlichem Schweigen verharren. Nach Ablauf dieser Frist war er ein Zauberer." Auch in dem abendländischen Dämonenglauben galten Bock und Blut viel. Schon Homer lässt Odysseus (Odyss. XI, 31—36) einen schwarzen Bock schlachten, damit die Geister der Abgeschiedenen vom Blute trinken und ihm die Zukunft verkünden. Nach dem mittelalterlichen Hexenglauben erfolgt die Teufelsverschreibung vermittelst blutigen Chirographs; der Teufel hat Bocksgestalt und Bockshörner; auf dem Bocke fahren die Hexen zum Sabbat. Cfr. H. L. Strack, Der Blutaberglaube in der Menschheit, Blutmorde und Blutritus. 4. Aufl. München 1892, bes. die Capitel III, V, X—XIII.

und, da sie mit ihnen sich gleichsam an derselben Tafel befänden, Liebe, Freundschaft und vertrauter Umgang zwischen ihnen entstünde, worauf ihnen im Traume die Zukunft verkündet würde. Dieser Ansicht hing man in der damaligen Zeit mit dem grössten Eifer an und niemand bezweifelte ihre Wahrheit. Um diesem Wahne zu steuern, verbot die Bibel den Genuss des Blutes und das Opfer für die Bocksgestalten; sie betonte ausdrücklich deren Nichtigkeit: Sie opfern Dämonen, bei denen kein Nutzen ist (V. M. 32, 17). Daran anknüpfend bemerken die Rabbinen[1]: Sie hörten nicht auf, wirklich existierenden Dingen (Sonne, Mond und Sterne) zu dienen, bis sie zuletzt auch eingebildeten dienten. Hierin hat das Verbot der Mischna[2] seine Begründung, nicht das Blut des geschlachteten Tieres ins klare Wasser rinnen zu lassen, damit es nicht erscheine, als ob man dem Dämon des Wassers opfere oder dem gestaltgebenden Prinzipe, nach der Ansicht derjenigen, die zwei Prinzipien annehmen[3]. Diese falsche und irrige Ansicht zu bekämpfen, und sie aus dem Herzen und Sinne des Israeliten zu verdrängen, bezweckt das heilige Gesetzbuch durch viele darauf bezügliche Verordnungen und Gebote; die Beseitigung des Dämonenglaubens, der nichts anderes als Götzendienst ist, ist geradezu ein Hauptzweck der Gotteslehre[4]. Das Falsche dieser Ansicht kann nicht genug hervorgehoben und es kann nicht genug eingeschärft werden, dass den Dämonen keinerlei Realität zukomme. „Ich sage dies," meint Maimuni[5], „weil ich weiss, dass sehr viele Leute die irrige Ansicht haben, dass diese Dinge wahr sind. Dies geht so weit, dass selbst sehr fromme Israeliten glauben[6]), dass solche Dinge wirklich sind, nur dass die Thora

---

[1]) Vgl. Sifre zu V. M. 32, 17.
[2]) Mischnakommentar zu Chullin II, 9.
[3]) Gemeint sind wohl unter den קצת בת המשים die Manichäer. Vgl. dazu Schahrastâni-Haarbrücker, Religionsparteien, I, 285 ff., 288 über die Mânawîjâ.
[4]) S. More III, 29 gegen Ende; Le Guide III, 242—243.
[5]) Mischnakommentar zu Aboda-zara IV, 7.
[6]) Wie sehr Maimuni hierin Recht hat, lehrt Nachmanis Erörterung des Gebotes von dem am Versöhnungstage wegzuschickenden Bocke (Bibelkomm. zu III, 16, 8). Da Nachmanides die Existenz der Dämonen anerkennt, wird er sich dessen gar nicht bewusst, wie seine Erklärung dem Geiste des Judentums widerspricht. Maimuni selbst schliesst sich der rationalistischen Erklärung des Gaon Saadja an, die auch im Talmud ihre Stütze findet. Weil der weggeschickte Sündenbock sinnbildlich mehr Schuld als jedes andere Sühnopfer sühnen sollte, wurde er von den Menschen entfernt und in ein ödes Land geschickt. More III, 46; Le Guide III, 383.

sie verboten habe. Sie sehen nicht ein, dass der ganze Dämonenglaube an sich eitel und trügerisch ist und dass ihn die Thora eben deshalb verboten hat, wie sie überhaupt alles Falsche verbietet. Gegen Geister und Zauberglauben zieht die heilige Lehre zu Felde, um sie auszurotten, weil sie Folgen des Götzendienstes sind."
Das Resultat obiger Untersuchung, betreffend die Anschauungen Maimunis über die Mittelwesen, lässt sich dahin zusammenfassen, dass er entsprechend den Grundlagen seines philosophischen Systems Engel bloss als die getrennten Intelligenzen gelten lässt, dass er die Annahme von Dämonen aber entschieden verwirft. Damit er sich jedoch nicht im Widerspruche mit manchen Bibelversen oder Aussprüchen der Rabbinen befinde, sucht er solchen durch Umdeutung und Allegorisierung einen andern Sinn zu geben. Dieses Verfahren hält er für notwendig, damit der wahre Sinn des göttlichen Wortes erfasst und richtig verstanden werde, damit man sich frei mache von der nicht religiösen Annahme von Wesen, die nicht Gott geschaffen hat[1]).

---

# Maimunis Bekämpfung des praktischen Aberglaubens.

## Die wunderwirkende Kraft der Gottesnamen.

Nachdem im Vorangegangen gezeigt wurde, wie die theoretische Seite des Aberglaubens einen entschiedenen Gegner in Maimuni gefunden, soll im Folgenden dasselbe bezüglich der praktischen Verwertung des Aberglaubens nachgewiesen werden.

An die irrige Auffassung und Vorstellung von Gott, die bis zur Verkörperlichung gelangte, hatte sich eine eben so falsche betreffs der Namen Gottes angeschlossen, und man meinte, dass man sich derselben zu mystischen Zwecken bedienen könne. Zur Theosophie gesellte sich die Theurgie. Nach der Lehre der Bibel ist Gott Herr der gesamten Natur. Er ist Schöpfer und Erhalter, Leiter und Lenker derselben; er hat sie aus dem Nichts hervorgebracht, und in seiner Macht liegt es, sie zu ändern oder sie wieder zu ver-

---

[1]) More II, 47; Le Guide II, 360: ובאת הבחינה גם בן הנצל מדמיון מציאות לא המציאו השם

nichten. Von dieser seiner Macht macht Gott auch Gebrauch beim Hervorbringen der Wunder[1]), insofern er dann nach seinem Willen und weisen Ratschluss die Gesetze der Natur zeitweise ändert, um seine Herrlichkeit den Menschen zu verkünden, aber auch um denen, die auf ihn vertrauen, beizustehen und sie zu beschützen. So erhebend der Gedanke ist, Alles von Gottes Allmacht zu erhoffen und ihm allein zu vertrauen, so bemächtigte sich doch der Aberglaube auch seiner und übertrug Anschauungen, die er im Bezug auf den Verkehr mit den von ihm selbst geschaffenen Mächten hatte, auf den Verkehr mit Gott. War es ein von der Religion verbotenes Beginnen, mit Hilfe von Dämonen die Natur verändern zu wollen, so suchte der Anhänger der Religion mit Hilfe Gottes auf sie zu wirken; während man mit Hilfe von Dämonen bloss zaubern konnte, wollte man im letzteren Falle Wunder vollführen. — Schon im Talmud und Midrasch finden wir die Ansicht vertreten dass die Gottlosen zwar mit Hilfe von Dämonen die Naturgesetze aufheben können, dass aber die Frommen und Gottesfürchtigen dies in einem noch höheren Masse mit Zustimmung Gottes vermögen. Dabei werden die von Moses vollbrachten Wunder den Künsten der Chartumim gegenübergestellt und wird Bileam als Prototyp derjenigen hingestellt [2]), welche gegen Gottes Willen die Schranken der Naturgesetze zu durchbrechen sich vermessen. Während nun letztere, weil sie sich gegen Gottes Willen auflehnen, verdammenswerte Handlungen vollbringen, ist das Wunderwirken der Frommen, weil mit göttlichem Beistand vollzogen, gestattet [3]). Die Mittel, deren

---

[1]) Es ist zu bemerken, dass die Rabbinen und besonders später Maimuni die biblischen Wunder nicht als eine Aufhebnng der Naturgesetze betrachteten, sondern vielmehr als die vollkommene Ausführung der in die Schöpfung hineingelegten göttlichen Willensbestimmung. Vgl. Pirke Abot V. 8; noch deutlicher ist dies ausgedrückt Bereschit rabba c. 5, א״ר יוחנן תנאין התנה הקב״ה עם הים שירא נקרע לפני ישראל ... א״ר ירמיה בן אלעזר לא עם הים בלבד התנה הקב״ה אלא עם כל מה שנברא בששת ימי בראשית וגו' ähnl. Schemot rabba c. 21 Dieser Anschauung schliesst sich auch Maimuni bei der Erklärung der Wunder an. Mischnacomm. Abot V, 8; More II, 29; Le Guide II, 224 ff. Über den Zweck der Wunder vgl. insbes. Saadja, Emunot we-Deot III: (p. 84 ff. ed. Krakau), wo auch erklärt wird, warum die Wunder nur für die Zeit der Bibel bestimmt waren.

[2]) Über Bileam ist zu vergleichen Bamidbar rabba cc. 14, 20 und 21, Talm. b. Sanhedrin 105 ff.; ferner „Chronik des Moses" in Jellinek's Bet ha-Midrasch. II, p. 5.

[3]) Die Rabbinen unterscheiden die von den Frommen als Wunder und die von den Gottlosen als Zauber hervorgebrachten Dinge nicht in der Sache, (die Ansicht einzelner, dass beim Zaubern bloss Täuschung אחיזת עינים statt-

sich die einen, wie die andern hauptsächlich bedienen, sind Worte und Namen, nur mit dem Unterschiede, dass die Frommen reine [1]), die Gottlosen unreine [2]) gebrauchen. Diese Namen sind die hebräischen Bezeichnungen der Dinge, welche, weil sie deren ureigenstes Wesen angeben, von solchem Einflusse auf sie sein müssen, dass schon ihr Aussprechen genügt, die Dinge hervorzubringen [3]). Diese Namen waren den Engeln unbekannt, und die Weisheit Adams be-

findet, ist gegenüber vielen wirklich vorgebrachten Zauberkünsten, deren Thatsächlichkeit angenommen werden müsste, nicht massgebend), sondern nur in der Art der Hervorbringung. Sie nehmen jedoch keinen Anstoss daran, dass die von Gott eingesetzten Naturgesetze verrückt würden, falls es nur ad maiorem dei gloriam geschieht. Diesen Anschauungen schliessen sich auch die Decisoren an, so Jore-Dea. c. 179: כתב ר' ישעיה בל אדם שעושה ע"י שמותיו הקדושים מותר שהוא גדולתו וגבורתו של הקב"ה ואין אסור אלא ע"י שדים. Dieselbe Erscheinung sehen wir auch im christlichen Mittelalter, wo zwischen der schwarzen und weissen Magie und dem Wunder kein sachlicher Unterschied gemacht wurde und es nur darauf ankam, in wessen Namen und Dienst die Handlung ausgeführt wurde. „Ein wesentlicher Unterschied zwischen Wunder und Zauber existiert nicht. Wunder und Zauber sind Wirkungen einer Kraft, welche über die Kräfte der Natur gebietet; der Unterschied liegt nur in der Anschauungsweise ··· Die Kirche glaubte sich zu dem Verkehr mit der Geisterwelt allein berechtigt; das Wunder nahm sie für sich allein in Anspruch; alles, was ausserhalb der Kirche geschah, war nicht mehr göttlich, es war diabolisch: sie kannte keinen Unterschied zwischen göttlicher und diabolischer, weisser und schwarzer Magie, alle Magie war straffällig; nur für sie und durch sie existierte das Wunder ... Ebenso quälte sich die Philosophie der Kirchenväter und des Mittelalters viel darüber ab, den Unterschied des wahren Wunders von dem Wirken einer engl'ischen Magie, den Unterschied des Wunders von dem Zauber festzustellen, wobei man vergeblich die sich entwickelnden Widersprüche zu lösen versuchte." Schindler, Der Aberglaube des Mittelalters. Breslau 1858. S. 60—61.

[1]) שם טהרה, רוח טהרה טהרה Talm. b. Sanhedrin 65b, 95b; Sukka 53a, Gittin 68 u. ö.

[2]) שם טומאה Talm. b. Sanhedrin 91a.

[3]) Es ist dies auch die Anschauung der nichtjüdischen Mystiker des Mittelalters und der Renaissancezeit. So äussert sich Agrippa von Nettesheim (angeführt bei Schindler, l. c. S. 98 Anm.), „Die Namen sind Symbola und Vehikel der göttlichen Allmacht, die nicht von den Menschen, auch nicht von den Engeln, sondern von dem höchsten Gotte selbst auf eine bestimmte Weise nach der unveränderlichen Zahl und Figur ihrer Charaktere für immer festgestellt und geheiligt sind und die Harmonie der Gottheit ausdrücken. Daher fürchten die Obern sie und die Untern zittern vor ihnen; den Engeln sind sie ein Gegenstand der Verehrung und den Teufeln des Schreckens, und jede Kreatur, jede Religion hält sie heilig. Ihre religiöse Beobachtung und andachtsvolle Anrufung unter Furcht und Zittern verleihen uns eine grosse, göttliche Kraft und die Macht, selbst übernatürliche Wunderwerke und Wirkungen zu vollbringen.

stand darin, dass er jedem Dinge den ihm zukommenden d. h. sein Wesen ausdrückenden Namen gab; infolge dessen hatte er über sie unbeschränkte Gewalt¹). Aber nur die hebräische Sprache enthält diese Namen, denn durch sie hat Gott die Welt geschaffen²). Aus den Wörtern und Sätzen der Bibel lassen sich die Wunder wirkenden Namen bilden. An diese, wie es scheint, sehr alte Anschauung knüpften die beiden als „Otiot d' Rabbi Akiba" bekannten Midraschim an³), und ebenso das „Jezirahbuch," das die phonetische Seite der Buchstaben zum Ausgangspunkt für metaphysische Betrachtungen nimmt⁴). Auf das letztere stützt sich nun, indem man es mit dem im Talmud (b. Sanhedrin 67b) erwähnten Buche „Hilchot Jezirah", vermittelst dessen selbst Schöpfungen vorgenommen werden konnten, identifizierte, die bei den Kabbalisten so in Schwung gewesene Theorie von der wunderbaren Kraft der Buchstaben. Zur Charakteristik dieser Anschauung sei hier ein Passus aus Jehuda ha-Levis Erörterung dieses Themas angeführt⁵). „So wird die Schrift eine göttliche genannt, weil die Gestalt der Buchstaben nichts Inhaltloses, Zufälliges ist, sondern in angemessenem Zusammenhang mit dem von jedem Buchstaben zu Bezeichnenden steht. Von diesem Gesichtspunkte aus hat es nichts Befremdliches, dass Namen und dergleichen eine Wirkung üben, eben von Seiten des Wortes und der Schrift, voran die Berechnung, d. h. der Gedanke einer reinen den Engeln gleichen Seele; da vereinigen sich die drei Sefarim: Sefar, Sippur und Sefer (Gedanke Wort und Schrift) zur Einheit, und das Berechnete wird, sowie es die lautere Seele berechnet, gesprochen, geschrieben hat. Also sagt jenes Buch (Jezirahbuch) von Gott, dass er seine Welt durch die drei Sefarim: Sefar, Sippur, Sefer geschaffen, die in seinem Wesen zur Einheit wurden." Wohnt

---

¹) Pirke d' Rabbi Elieser c. 13.
²) Cfr. Talm. b. Berachot 55a: א"ר יהודה אמר רב יודע היה בצלאל לצרף אותיות שנבראו בהן שמים וארץ|
³) Jellinek, Bet ha-Midrasch III, p. 12—45. 50—64.
⁴) Über die Metaphysik des Jezirahbuches s. Graetz, Gnosticismus und Judentum. S. 102—131.
⁵) Kusari VI. 25 ed. Cassel. 2. Aufl. S. 342. Noch deutlicher giebt diesen Gedanken wieder die daselbst angeführte Übersetzung des Jehuda ben Isak ben Kardinal. Vgl. auch Abraham Schalom in N'we Schalom V, 4 und 5. Auf den Vorzug der hebräischen Sprache, weil nur sie das ureigne Wesen der Dinge bezeichnet, ist auch zurückzuführen die Bestimmung, dass Bittgebete nur hebräisch gesprochen werden sollen, da die Engel kein Aramäisch verstehen. Cfr. Talm. b. Sabbat 12b, Orach-Chaim c. 101.

also den hebräischen Bezeichnungen der Dinge überhaupt solche Kraft inne, so muss dies doch noch in viel höherem Masse der Fall sein bei denjenigen Worten, die das Allerhöchste, Allermächtigste bezeichnen, bei den Namen Gottes, die ja nach dieser Theorie sein Wesen bezeichnen und somit auch auf ihn wirken müssten. Die heilige Scheu, die man vor dem Aussprechen des göttlichen Namens hegte, der schon zur Zeit des Tempels nur am Versöhnungstage vom Hohepriester voll ausgesprochen wurde[1]), bestärkte die Ansicht, dass dieser Name, unter dem man ursprünglich nur den vierbuchstabigen verstand, mit geheimnisvoller Macht auf die Natur zu wirken vermöge. In späterer Zeit, da man nicht mehr wusste, wie dieser vierbuchstabige Gottesnamen auszusprechen sei, gewann letztere Ansicht immer mehr an Ausdehnung, und man schrieb der richtigen Aussprache dieses Namens, die nur den Eingeweihten[2]) bekannt war, die mächtigsten Wirkungen zu[3]). Aber nicht bloss der vierbuchstabige vollbrachte solches, sondern auch andere Gottesnamen, deren es unendlich viele geben soll, unter denen 70 die bekannten[4]), und unter diesen die drei, die aus vier, zweiundvierzig und zweiundsiebzig Buchstaben bestehen, die gewaltigsten sind. Dass man fast unzählige Gottesnamen annahm, ergiebt sich daraus, dass der ganze Pentateuch aus lauter Gottesnamen bestehend gedacht wurde, deren Zusammenstellung ein eigenes Studium bildete[5]). Der Talmud jedoch kennt ausser dem aus aus vier Buchstaben bestehenden, nur noch die aus zwölf und zweiundvierzig Buchstaben[6]). Die anderen sind wohl aus nachtalmudischer, wenn auch aus alter Zeit; dies gilt

---

[1]) Über den Schem-Hamphorasch vgl. ausser Munk, Le Guide I, 267, n. 3. und Cassel, Kusari (ed. 2) S. 298. Anm., die Aufsätze von Oppenheim in Grätz, Monatsschrift für Geschichte und Wissenschaft des Judentums 1859. S. 545 und 1870. S. 326; von Cassel, das. 1870. S. 73 und 270; und von Bacher, das. 1871. S. 382; ferner Löw, Die Aussprache des vierbuchstabigen Gottesnamens. Gesammelte Schriften I. S. 187 ff.; und die neueste Litteratur Sidon in Revue des Étud. juiv. XVII, 238; Bacher, ib. XVIII, 290 u. Fürst ib. XXIV, 285.

[2]) Talm. b. Kidd. 71a, Sendschreiben des Hai Gaon in Ta'am Sekenim p. 57.

[3]) Wajikra rabba c. 32. Talm. b. Gittin 68a, Sukka 53a, Sanhedrin 95a.

[4]) שבעים שמות יש לו להק״בה בפירוש ושאר שלא בפירוש אין להם חקר ואין להם מספר Liber Chanoch in Bet ha-Midrasch II, 114.

[5]) Nachmani Dissertation ed. Jellinek p. 30. יש במקצת ספר והוא המקרא שמוש תורה שמפרט בפרשיות שמוש כל אחת מהן והשם היוצא ממנה והאיך יצא ממנה והאיך משתמשין בה אבל יש לני קבלה טיותר מה שכתוב בספר ההוא הם שמות כל התורה כלה מבראשית עד לעיני כל ישראל כלה שמות

[6]) Talm. b. Kidduschin 71a.

auch von dem zweiundsiebzigbuchstabigen, der bei jüdischen[1]) und nichtjüdischen[2]) Mystikern als „grosser Name" κατ' ἐξοχήν gilt. Es ist nun leicht erklärlich, dass bei dieser Rolle, welche die Gottesnamen spielten, auch die Religionsphilosophen einer Erörterung über die Natur der Gottesnamen und der sie bildenden Buchstaben nicht aus dem Wege gehen konnten. Wir finden eine solche bei Jehuda ha-Levi[3]), Ibn Esra[4]) und anderen. Die Erklärungen, die sie gaben, waren nur dazu geeignet, dem mystischen Gebrauch Vorschub zu leisten. Erst Maimuni blieb es vorbehalten, auch hierin gründlich von seinen Vorgängern abzuweichen.

Da die Annahme einer Wirkung vermittelst der Gottesnamen ein Durchbrechen der Naturgesetze voraussetzt, so muss Maimuni eine solche, die seiner Weltanschauung widerspricht, a limine zurückweisen. Zugleich steht sie im Widerspruche mit seiner Lehre von den Attributen. Dürfen wir Gott keine positiven Attribute beilegen, weil diese eine Vielheit in seinem Wesen bezeichnen, so können wir um so weniger gleichsam hypostasierte Namen Gottes anerkennen. Maimuni lässt sich daher auf eine ausführliche Erörterung dieser Materie ein, um die falschen Vorstellungen, die betreffs der Gottesnamen vorhanden waren, und den an dieselben sich knüpfenden Aberglauben zu zerstören. — Alle Gottesnamen sind, so erklärt er[5]), wie die Attribute, die wir ihm nur beilegen dürfen nach den

---

[1]) So ist der Name von 72 Buchstaben von Bedeutung im Buche „Bahir" (ed. Amsterdam S. 5 und 6), bei Schemtob, Emunot, IV, 7, S. 32b; 18 S. 44b. Cfr. Nachmani, Dissert. p. 31: דבר נודע לרבים כי מפסוק ויסע יוצא שם של שבעים ושתים אותיות שבו משתמשין חסידי ישראל להמית להחיות לנתוש לנתוץ להאביד להרום לבנות ולנטוע. Vgl. auch Schorr, Hechaluz VIII. p. 66.

[2]) Cfr. Schindler, l. c. S. 89 ff.; Reuchlin, De Arte Cabbalistica libri tres, Frankfurt a. M. 1672, giebt im 3. Bande S. 723 die wichtigsten Gottesnamen an und führt den „grossen Namen" ganz an. Auch bei den Arabern spielten die Namen eine Rolle. So behauptete al-Mughîra, dass Gott, nachdem er sich zur Schöpfung der Welt entschlossen, den grössten Namen ausgesprochen, welcher herbeigeeilt sei und auf sein Haupt eine Krone gesetzt habe. Schahrastâni-Haarbrücker, Religionsparteien, I, 203. Vgl. auch Kremer, Culturgeschichte II, S. 264.

[3]) Ausser Kusari IV, 25 auch IV, 1. 3. Über die religionsphilosophische Bedeutung dieser Erörterung vgl. Kaufmann, Gesch. d. Attributenlehre S. 141—195.

[4]) Er hat ausser einzelnen Bemerkungen in seinen Bibelkommentaren mehrere Abschnitte des „Jesod Mora" und des „Sepher Zachot" insbesondere das „Sepher Haschem" diesem Gegenstande gewidmet.

[5]) More I, 61; Le Guide I, 267 ff.

Handlungen, die Gott in der Schöpfung vollbringt, abgeleitet, und bezeichnen so wie diese die Äusserungen seines Wirkens. Anders verhält es sich mit dem Gottesnamen, welcher aus den vier Buchstaben jod, he, waw, he besteht, den die alten Lehrer als Schem-Hamphorasch bezeichnen. Dieser kommt Gott eigentlich zu und bezeichnet sein ureigenstes Wesen. Die Bedeutung dieses Namens können wir jetzt, da wir nur geringe Kenntnis des Hebräischen haben, nicht mehr genau feststellen[1]), aber bei der grossen Ehrerbietung, mit der er seit den ältesten Zeiten umgeben wurde, ist jedenfalls anzunehmen, dass sie eine solche war, dass sie nur Gott allein beigelegt werden kann; vielleicht drückte der Name die notwendige Existenz aus. Da er so im Unterschied von den anderen, die vom Wirken Gottes abgeleitet sind, dessen Wesen bezeichnet, so konnte mit Recht die Ansicht aufgestellt werden[2]), dass vor der Weltschöpfung dem einig-einzigen Gott nur dieser eine Name zukam. — An diese Erklärung des Schem-Hamphorasch knüpft Maimuni eine Polemik gegen den abergläubischen Missbrauch der Gottesnamen, und erklärt, dass es ausser diesem Namen keinen unabgeleiteten Gottesnamen mehr gebe. „Mögest du," schreibt er[3]), „den Wahn der Amulettenschreiber nicht berücksichtigen; denn die verschiedenen von ihnen fabrizierten Namen, welche du von ihnen hörst oder in ihren Büchern liest, bezeichnen gar nichts, obschon sie solche für Gottesnamen, die Wunder bewirken sollen, ausgeben und für deren Anwendung die grösste Heiligung und Reinheit verlangen. Solches Geschwätz ziemt einem vollkommenen Menschen nicht anzuhören, geschweige denn daran zu glauben." — Wenn nun aber der Schem-Hamphorasch die Bezeichnung für den vierbuchstabigen Gottesnamen ist und ihm keine mystische Bedeutung zukommt, warum berichtet der Talmud, dass er dunkel und geheim geblieben war? Ist doch

---

[1]) Maimuni behauptet nur, dass bei der jetzigen mangelhaften Kenntnis des Hebräischen die Etymologie des vierbuchstabigen Gottesnamens dunkel ist; aber nur jetzt, und für diesen allein (vgl. übrigens M. Joël, Beiträge, S. 74), nicht für die anderen; dagegen behauptet Jehuda ha-Levi dessen gänzliche Unableitbarkeit als von Gott geradezu beabsichtigt: „Durch die Nennung dieses Namens wollte Gott von dem Grübeln über sein wahres Wesen, dessen Erkenntnis unmöglich ist, abhalten." Kusari IV. 3. ed. 2, Cassel S. 304. Vgl. auch Kaufmann, Gesch. d. Attributenlehre, S. 171, Anm. 125, S. 175. Anm. 130 und S. 468, Anm. 153.
[2]) Pirke d'Rabbi Elieser c. 3.
[3]) More ib., Le Guide I, 271—272.

der Name in der Bibel jedem zugänglich, und trotzdem wird berichtet, dass er unter den grössten Kautelen nur besonders würdigen Männern überliefert wurde. Spricht dieses nicht dafür, dass diejenigen Recht haben, die eine geheime, mystische Bedeutung annehmen, dazumal im Talmud noch von anderen Gottesnamen die Rede ist, die in gleich geheimnisvoller Weise überliefert zu werden pflegten. Solchen Einwürfen begegnet Maimuni in einem weiteren Abschnitte [1]), indem er auseinandersetzt, warum eine solche geheimnisvolle Überlieferung nötig war, und wie man die anderen geheimen Gottesnamen aufzufassen habe. Die Thora, führt er aus, bestimmt, dass beim Priestersegen der vierbuchstabige Gottesname, der Schem-Hamphorasch, wie er in der Bibel geschrieben ist, ausgesprochen werde. Es war aber nicht jedem bekannt, wie dies geschehe, d. h. wie die einzelnen Buchstaben vokalisiert würden, und ob sie hart oder weich zu sprechen seien. Darüber gaben die Gelehrten Auskunft. Der talmudische Bericht [2]), dass die Weisen wöchentlich einmal ihre Söhne und Schüler über den Gottesnamen belehrten, sei dahin zu verstehen, dass dieser Unterricht sich nicht auf die Aussprache allein beschränkte, sondern damit die Unterweisung darin verbunden war, welche Idee dieser Namen ausdrückt, um derentwillen er Gott beigelegt wird: dieses hehre Geheimnis ist mit ihm verbunden [3]). Dem Tetragrammaton zunächst stand ein zwölfbuchstabiger Name, dessen man sich in Vertretung jenes bediente. Dieser wird wohl nicht ein Wort gewesen sein, sondern aus zwei oder drei Worten bestanden haben, deren Buchstabenzahl zwölf war. Dieser Name gab eine Anleitung über das Wesen Gottes, die eine speciellere war, als sie der bei uns gebräuchliche Name Adonai gewährt, und wurde ursprünglich jedem Lernbegierigen mitgeteilt. Später ist auch dieser geheim gehalten worden, weil es sich gezeigt, dass dessen Mitteilung an unwürdige und wenig ge-

---

[1]) More I, 62; Le Guide I, 273—285.
[2]) Talm. b. Kidduschin 71a.
[3]) „In der genauen Kenntnis des Tetragrammaton steckt tiefe metaphysische Erkenntnis, denn es weist darauf hin, dass Gott notwendige Existenz ist, actueller Nus, ohne jede Potenz, unveränderlich, in keiner Relation zu den Dingen, von sich selbst und von den Dingen durch das eigene Selbstbewusstsein Erkenntnis empfangend. Die tiefen, metaphysischen Geheimnisse sollten mit Recht nicht jedem mitgeteilt und offenbart werden, da man nur in Reinheit und Heiligkeit mit ihnen umgehen darf." Schemtob in seinem Morekomm. zur Stelle.

eignete Leute zur Schädigung des Glaubens führte¹); eine Erscheinung die stets eintritt, so oft wenig vorbereitete, unvollkommene Leute erfahren, dass etwas nicht so ist, wie sie früher glaubten. — Die Alten kannten auch einen Namen von 42 Buchstaben. Es ist aber jedem Einsichtigen klar, dass es unmöglich ist, dass ein hebräisches Wort aus 42 Buchstaben bestehe; es ist dies nur die Buchstabenzahl mehrerer Worte, die zweifelsohne auf gewisse Ideen hindeuten, die einer wahren Auffassung des göttlichen Wesens näher bringen. Die Rabbinen haben für die vielen Worte den Ausdruck Name gewählt, weil sie eben nur das, was für gewöhnlich Eigennamen ausdrücken, die bestimmte Bezeichnung der Sache, enthalten. Es werden viele einen Namen bildende Worte gebraucht, damit die Sache möglichst klar werde. Es bestand also die Belehrung nicht in der Überlieferung blosser Buchstaben ohne weiteren Sinn, sondern in der Einführung in metaphysische Untersuchungen, die die beiden zuletzt behandelten Namen enthielten. Ein Beweis dafür, dass es sich bei dem aus 42 Buchstaben bestehenden Namen um metaphysische Erkenntnis handelt, ist die für seine Überlieferung aufgestellte talmudische ²) Verhaltungsmassregel, die von dem Schüler hohe sittliche Tugenden und grosse intellektuelle Vorbereitung verlangt, was als Vorstufe für die Erfassung jener metaphysischen Themen, die das eigentliche Geheimnis der Lehre bilden, notwendig ist. Nur auf metaphysisches Wissen kann sich lediglich dasjenige beziehen, was als Wirkung der Kenntnis des 42 buchstabigen Namens angegeben wird, dass, wer sie erlangt, geliebt wird (im Himmel) oben und theuer ist hier (auf der Erde) unten und angesehen bei den Menschen, sein erworbenes Wissen behält, des diesseitigen und künftigen Lebens teilhaftig wird ³). Da die Vernunft

---

¹) cfr. Le Guide I, 274 n. 3. Leute, die nicht gut vorbereitet, mit den in diesen Namen enthaltenen, metaphysischen Geheimnissen vertraut gemacht werden, werden im Glauben irre und gelangen zu falschen Vorstellungen.

²) Talm. b. Kidduschin ibid.

³) Es hängt dies mit Maimunis Grundanschauung zusammen, dass nur diejenigen des ewigen Lebens teilhaftig werden, die einen hohen Grad metaphysischer Erkenntnis sich erworben (More II, 27; Le Guide II, 205). Denn die Seele, die nach dem Tode zurückbleibt, ist nicht die potentielle des Entstehens; es bleibt daher nur diejenige unsterblich, welche bis zum „aktuellen Intellekt" gelangt ist (More I, 70; Le Guide I, 328 und das. n. 2, 4). Vergl. auch Einleitung zum 11. Abschn. von Sanhedrin; Hilch. Jesode ha-Thora c. IV. 8—9; Hilch. T'schuba c. VIII, 3. An letzterer Stelle bezeichnet Maim. die fortlebende Seele als das von Gott erlangte Wissen. (S. auch M. Wolf,

des Menschen bei Aneignung metaphysischer Erkenntnis sich in den „thätigen Intellekt" umwandelt[1]), ist es klar, dass es nie bei ihm in Vergessenheit geraten könne [2])."

Nachdem Maimuni in dieser Weise das Wesen der Gottesnamen erklärt und gezeigt hat, dass deren Geheimhaltung begründet war, dass man doch Ergebnisse metaphysischer Spekulationen nicht jeglichem ohne jede Vorbereitung mitteilen konnte, und nicht weil sie zu geheimnisvollem Wirken hätten gebraucht werden können, setzt er seine Polemik gegen den praktischen abergläubischen Missbrauch derselben mit einer für gewöhnlich bei ihm nicht anzutreffenden Schärfe und Heftigkeit fort. „Unendlich weit vom Sinne des Talmuds ist jene grosse Menge entfernt, die unter den Namen nichts weiter als leere, zusammenhangslose Buchstaben verstanden wissen will, und vermittelst derselben zu Erhabenem gelangen zu können vermeint. Die Veranlassung zu solch unsinnigem Glauben gaben unwissende und dabei böse Menschen, die die talmudische Überlieferung als weites Feld für die Verbreitung von Lügen betrachteten. Diese stellten die Behauptung auf, dass die Zusammenstellung von beliebigen Buchstaben schon einen Gottesnamen bilde, der alsdann, in bestimmter Weise geschrieben oder ausgesprochen, aussergewöhnliche Wirkung schaffe. Schriften solch böswilliger Ignoranten kamen in den Besitz frommer, jedoch schwachsinniger und kritikloser Männer, die sie aufbewahrten,

---

Eschatologische Gedanken des Mûsa ben Maimun mit einem Worte der Erinnerung an Fleischer. Leyden 1890.) Diese durch einen solchen weitgehenden Intellektualismus ausgesprochene Beschränkung der individuellen Unsterblichkeit, die auch noch in mehreren anderen wesentlichen Punkten zum Ausdrucke kommt, — mehr Ausfluss seiner philosophischen als religiösen Anschauung — gab Veranlassung zu direkten Anfragen an Maimuni (cfr. מאמר תחיית המתים) und zu polemischen Angriffen des Abraham ben David aus Posquières in seinen Glossen zu Hilch. T'schuba VIII, 2, oder wie später zu den des Schemtob Emunot I, 1. S. 5a ff. I, 4. S. 10b. ff.; hingegen versucht Nachmani in seinem שער הגמול (p. 13a ff., ed. Ferraro 1557) Maimunis Anschauung als rechtgläubig zu verteidigen.

[1]) cfr. Le Guide I, 274. n. 3.

[2]) „Das Vergessen tritt bei materiellen Dingen ein, bei denen der Auffassende und das Aufgefasste verschieden sind und bleiben, so dass der Intellekt zur Reproduktion der Phantasie bedarf, die dem Menschen zuweilen auch den Dienst versagen kann; dagegen ist ein Gegenstand, der nicht bloss Vorstellung ist, im Intellekt einfach, und bei ihm ist Auffassen, Auffassendes und Aufgefasste dasselbe, so dass das Auffassen immer in gleicher Weise wirksam sein kann, da Wissender, Gewusster und Wissen identisch sind, somit trifft bei dem in aktiven Intellekt verwandelten Wissen kein Vergessen zu." Schemtob ben Josef, Morekomm. I. 62.

und die Menge, die solche Schriften in deren Nachlass fand, hielt den Inhalt für lautere Wahrheit. Ich war veranlasst", schliesst Maimuni diese Auseinandersetzung, „diesen puren Wahnsinn[1]) zu widerlegen, obschon er als solcher sich jedem Denkenden offenbart, wegen der grossen Verbreitung, die diese Thorheit unter dem Volke gefunden."
Wir haben hier Maimunis Auseinandersetzung ihrem ganzen Inhalte nach angeführt, da wir sonst bei keinem anderen jüdischen Religionsphilosophen eine solche Entschiedenheit in der Verurteilung des Missbrauchs der vermeintlich geheimnisvollen Gottesnamen finden. Auffallend ist es, dass Maimuni den Gottesnamen von 72 Buchstaben nicht erwähnt. Eine Erklärung hierfür können wir zwar darin finden, dass hierzu keine Veranlassung für ihn vorlag, da derselbe im Talmud nicht erwähnt wird, und für seine Erwähnung in der älteren Midraschlitteratur[2]) eine analoge Erklärung, wie für den aus 42 Buchstaben, ausreicht, jedoch möchten wir uns der Meinung zuneigen, dass Maimuni ihn der Gruppe der willkürlichen „Schemoth" beizählen dürfte. — Entsprechend der hier entwickelten Ansicht verurteilt Maimuni an anderen Stellen auch die Anwendung von Bibelversen zu mystischen Zwecken[3]). Er betrachtet einen solchen Gebrauch als dem Geiste des Judentums widersprechend und sieht ihn geradezu als Sünde an, die des ewigen Lebens verlustig macht. „Diejenigen[4]), welche auf die Mesusa Engelnamen oder

---

[1]) Gleich harter Ausdrücke bedient sich Maimuni betreffs dieser Leute Mischnakomm. zu Sota, VII, 6: ודע זה ואל תטה מחשבתך במה שמהבלין בו כותבי הקמיעות והמשוגעים מבני אדם.

[2]) Cfr. Schorr im Hechaluz VIII, 6a, wo die älteren Midraschstellen angeführt werden, so Ber. rabba c. 44, Wajikra rabba c. 13 u. s. w.

[3]) Vgl. die Sendschreiben in Kobez I, 3a col. 2, 3b col. 1; II, 15a col. 2.

[4]) Hilch. Mesusa c. V. § 4. Maimuni tritt hier nur gegen den Missbrauch auf, die Mesusa durch Hinzufügen von sog. Namen in ein Amulet umzuwandeln, was jedoch der talmudischen Auffassung, dass das strikte Befolgen der Gesetze vor Unglück bewahrt, nicht widerspricht. In diesem allgemeinen Sinne könnte die Verteidigung R. Josef Karos (Kesef Mischna zur Stelle) und sein Streben, Maimuni nicht in Gegensatz zum Talmud zu bringen, aufrecht erhalten werden. Von einem speciellen Schutz gegen Dämonen (Talm. b. Menachot 33b und Raschi das., T. b. Aboda-zarah 11a) kann jedoch nach Maimuni bei der Mesusa schon aus dem einfachen Grunde nicht gut die Rede sein, da er die Existenz von Dämonen (vgl. oben) doch leugnet. Die schöne Erzählung von Artaban und Rab (Talm. jer. Pea 1, 1, 15d ed. Krotoschin bringt, wie wir glauben, bloss die allgemeine Anschauung von der schützenden Kraft der Befolgung der göttlichen Gesetze, wie dies auch der dort citierte Vers (Prov. 6, 22) andeutet, zum Ausdruck. Cfr. Schorr, Hechaluz, VIII, p. 56.

sog. heilige Namen, ja nur Bibelverse schreiben, haben keinen Anteil am ewigen Leben. Diese Thoren halten nicht nur nicht das göttliche Gesetz, sondern würdigen auch ein so erhabenes Gebot, wie die Anerkennung der Einheit Gottes, die Liebe zu ihm und seine Verehrung, welche die Mesusabestimmung zum Ausdrucke bringt, herab zu einem Amulet, das ihnen nach ihrer thörichten Vorstellung nützen soll." — Wie ernst aber auch Maimonides den Kampf gegen diesen Zweig des Aberglaubens aufgenommen, und wie entschieden er ihn geführt hat; wie sehr er auch von dem reinen jüdischen Gottesbewusstsein und den Ergebnissen klarer Forschung erfüllt war: seine Bemühungen hatten nicht den gewünschten Erfolg. Gegen Mystik und Kabbala, die auf der Theorie der Gottesnamen einen gar gewaltigen Bau errichtet, liess sich durch klare Vernunftgründe schwer ankämpfen. Das luftige Gebäude der Phantasie wurde später noch mehr ausgeschmückt: es ist bis auf den heutigen Tag nicht ganz zerstört[1]). Das Geheimnis des angeblichen Wunderwirkens und Gewährens von Schutz gegen Gefahren verliert nicht so leicht seine Herrschaft über hypergläubige Gemüter besonders in der ungebildeten Menge.

## Astrologie.

Unter den abergläubischen Verirrungen des denkenden Menschengeistes ist die vornehmste die Astrologie, sowohl in Ansehung der Veranlassung, als der Art ihrer Kundgebung und Bethätigung. Der Sternenhimmel ist von jeher geeignet gewesen, den stärksten Eindruck auf das Menschengemüt zu machen. Das tiefblaue Firmament des Südens, gleich einer unermesslichen Kuppel über dem Haupte sich wölbend, wirkte wie magisch, mochte die Sonne ihr goldig

---

[1]) Mit ungeschwächtem Einfluss erhielt sich der Glaube an die wunderbare Wirkung von Wörtern und Figuren, die solche sog. Gottesnamen versinnbildlichen, das ganze Mittelalter hindurch und feierte scheinbare Triumphe am Anfange der Neuzeit, wo dieses vermeintliche Wissen als das Höchste aller Weisheit angesehen wurde. Die ältere und jüngere Kabbala pflegte als besonderes Lieblingsstudium diese geheimste der Geheimlehren. Erzeugnisse dieser Richtung wie die „Rasielbücher" wiederholen in unendlicher Fülle und Mannigfaltigkeit die in regellosen Permutationen gebildeten Namen, und die noch heutzutage allgemein in den östlichen Ländern zun Schutze der Wöchnerinnen gebrauchten Tafeln zeugen von dem Einfluss, welchen diese Anschauung ausübte. Doch s. Güdemann, Gesch. des Erziehungswesen und der Kultur der Juden in Frankreich und Deutschland I, (Wien 1880) S. 218ff.

strahlendes Lichtmeer blendend ergiessen oder die bleiche Silberschale des Mondes zwischen dem Glanze ungezählter Sterne schimmern. Die Sinne waren wie trunken von all dieser Herrlichkeit, was seine Rückwirkung auf die Verstandesthätigkeit gewiss nicht verfehlte. Schon frühzeitig merkte der Mensch, dass die Sonne gar hohe Bedeutung für das Gedeihen alles Lebens habe; dass auch Mond und Sterne von nicht geringerer Wichtigkeit sein dürften, folgerte er aus dem Einflusse, den sie, besonders der Mond mit seinen Phasen, auf ihn und seine Umgebung ausübten [1]). Die überwältigende unvergleichliche Schönheit dieser Himmelskörper, ihre scheinbare oder wirkliche Bewegungen in unermesslichen Bahnen, ihre Unveränderlichkeit liess ihn sie zu höheren, vollkommeneren Wesen machen, die über die niedrigeren, die Menschen, Gewalt und Herrschaft ausüben und über ihr Leben und Geschick bestimmen. Der Sonnenlauf, der Stand der Fixsterne bedingt nicht bloss die Jahreszeit, sondern auch alles, was auf der Erde geschieht. Veränderungen in Natur- und Menschenleben hängen vom Stande der Sonne, vom Wechsel des Mondes, von dem Auf- und Niedergange der Sterne ab; dadurch ist die Verwirklichung von Plänen, das Gelingen oder Misslingen von Unternehmungen gewiss von ihnen beeinflusst. Diese Meinung herrschte allgemein im Altertume. Von Babylonien bis Jonien, von Indien bis Arabien war sie verbreitet. Obschon mit dem Kultus dieser heidnischen Völker eng verbunden und zum Teil von ihren religiösen Anschauungen mit erzeugt, beschränkte sie sich nicht auf die alte Zeit, sondern rettete sich sogar nach Abschluss der letzteren ins Mittelalter hinüber, um recht kräftig in der christlichen Welt sich zu entwickeln, ja sogar bis in unsere Tage

---

[1]) „Der Grundgedanke, von dem die Astrologie ausgeht, ist nicht ganz unwahr. Es kann keinem Anstande unterliegen, dass die Himmelskörper auf die Erde und die auf ihr befindlichen körperlichen Gebilde einen Einfluss ausüben. Dieser Einfluss beschränkt sich sicher nicht bloss auf das von ihnen ausgehende Licht, sondern macht sich auch in einer Weise geltend, die der gewöhnlichen Sinnenwahrnehmung entrückt ist und nur durch das Gemeingefühl empfunden wird. Wenigstens macht man die Erfahrung, dass die mit einem gesteigerten Empfindungsvermögen ausgerüsteten Personen, welche man Mondsichtige, Ekstatische, Sensitive u. s. w. nennt, durch astralischen Einfluss berührt werden, während andere nichts davon verspüren". (Wetzler und Weltes Kirchenlexikon, Art. Astrologie). Entschieden für den Einfluss der Gestirne auf den Menschen sprechen sich neuere Pathologen aus. Vgl. u. a. bei Lombroso, Genie und Irrsinn, die Abschnitte: Einfluss der Meteore auf geniale Menschen und auf Geisteskranke, sowie Einfluss der Gestirne auf die Geburt genialer Menschen.

hinein, wenn auch nur als schwacher Abglanz einstiger Herrlichkeit, in gewissen abergläubischen Vorstellungen fort zu leben. Noch heute sieht die Menge mit Angst und Bangen die Zeichen am Himmel und weiss der Kometen Erscheinen nicht anders denn als Vorzeichen nahenden Unglücks aufzufassen.

Hatte auch die Bibel gegen diesen Zweig des Aberglaubens ebenso wie gegen jeden andern Stellung genommen, so war er doch bei dem mächtigen Einflusse der Nachbarvölker nie ganz geschwunden [1]) und gelangte während des babylonischen Exils [2]) zu neuer, ungeahnter Blüte. Diese dauerte dann fort, bis die Astrologie in der talmudischen Epoche unter erneuertem babylonischen Einfluss trotz des Widerstrebens [3]) einzelner Lehrer immer siegreicher auftrat und sich den Schein wissenschaftlicher Berechtigung zu geben suchte. Während die einen unter den Rabbinen zaghaft gegen sie auftraten, sie zwar nicht für nichtig erklärten — denn eine solche Behauptung wäre damals als etwas Ungeheuerliches angesehen worden — so doch deren Gesetze als für Israel nicht geltend hinstellten, da der Einfluss der Gestirne sich lediglich nach dem Willen Gottes richten müsse, erkannten andere astrologische Behauptungen ohne jeglichen Vorbehalt als wahr an, wovon viele Aussprüche und Verhaltungsmassregeln Kunde geben [4]). Hatte also die Astrologie die Autorität des Talmuds für sich, so musste sie immer mächtiger auftreten, was auch bei den Gelehrten der arabisch-spanischen Schule

---

[1]) II. Kön. 17, 16; 21, 3—5; 23, 11—12; Jesaias 65, 11; Jeremias 7, 18; 8, 2; Zephan. 1, 5; Amos 5, 25 u. v. a. St. Mit dem an diesen Stellen gerügten Sterndienst muss jedenfalls auch Astrologie verbunden gewesen sein; cfr. Scholz, Gottesdienst und Zauberwesen bei den alten Hebräern und den benachbarten Völkern. Regensburg 1877 § 36, S. 409 ff. § 37, S. 412.

[2]) Vgl. S. Roskoff, Gesch. d. Teufels I., S. 93: „Wie überhaupt im Altertum war die Astronomie auch bei den Babyloniern mit Astrologie versetzt" . . Das. S. 96 „Das Wesen der religiösen Anschauung des Chaldäers besteht in einer verständigen Berechnung aller Erscheinungen und deren Beziehung auf sich. Er stellt die Sternenmächte als geistig beseelte Wesen vor, von welchen Natur und Menschenleben abhängt, und schaut in den Bahnen der Himmelskörper das Gesetz alles Lebens, also auch des eigenen, an, somit hat das relig. Bewusstsein des Chaldäers eine Ahnung von der Einheit, die im Leben waltet und es beherrscht." — Vgl. Mensinga, Über alte und neuere Astrologie Berlin, 1871. S. 13 ff.

[3]) Talm. b. Pesachim 113 b מנין שאין שואלין בכלדיים שנאמר תמים תהיה עם ד' אלקיך.

[4]) Über Astrologie im Talmud s. D. Joël, Der Aberglaube, Heft I. S. 93 ff. Brecher, Das Transcendentale etc. S. 148 ff.

fast durchgehends der Fall war¹). Die Araber haben ihre eigenen²) astrologischen Anschauungen mit denen der Chaldäer vereinigt und so jenes feste System für die Astrologie geschaffen, das herrschend und massgebend geblieben, so lange die Astrologie als eine Wissenschaft bestand. Die jüdischen Gelehrten, von dieser Strömung beeinflusst, konnten sich um so rückhaltloser derselben hingeben, als eben auch der Talmud nur ein schwaches Veto dagegen einlegt, das oft wie Zustimmung klingt. Salomon ibn Gebirol entwickelt in seinem schwungvollen Gebete „Königskrone" die astrologische Bedeutung sämtlicher Planeten, stellt sie jedoch in den hehren Dienst Gottes³). Abraham ibn Esra, sonst ein Feind des Aberglaubens, wirft sich dem der Sterne ganz in die Arme⁴). Jehuda ha-Levi

---

¹) Cfr. A. Schmiedl, Studien über die jüd. insbes. jüd-arab. Religionsphilosophie. Wien, 1869 p. 289 ff.

²) „Die ursprünglichen Formen des religiösen Glaubens der Beduinen sind zwar durch Sabäismus, Judentum, Christentum und Islam verdrängt oder alteriert worden, es wird aber angenommen, dass schon früh Gestirnkultus geherrscht habe, wo die Gestirne nicht bloss als Zeitmesser, sondern als die Sitze höherer Wesen betrachtet worden seien, daher die Personifikation der Gestirne." Roskoff, l. c. p.44. Über die astrologische Wissenschaft der späteren Araber s. Kremer, a. a. O. II. S. 448—449: „Unter dem Einflusse der den Arabern bald bekannt gewordenen Schriften der früheren asiatischen Kulturvölker begannen sie eine Theorie der Einwirkung der Gestirne auf die Erde und die Schicksale der Menschen auszubilden, und die allgemein herrschende Ansicht war bald die, dass die Ereignisse des menschlichen Lebens alle unter dem Einflusse der Gestirne und ihrer Konjunktionen stünden; so brachte man die Religionswechsel mit den ungefähr alle tausend Jahre stattfindenden sogenannten grossen Konjunktionen in Zusammenhang, die Dynastiewechsel mit den alle 240 Jahre beiläufig eintretenden, die Personenwechsel der Herrscher mit den alle zwanzig Jahre wiederkehrenden Gestirnverbindungen. Aber auch das Schicksal der Menschen werde durch die Gestalt des Sternenhimmels und die Stellung der Planeten im Augenblicke der Geburt im voraus bestimmt. Und selbst die Gebildeten wurden von solchen Ideen beherrscht." Über das System der Araber vgl. Otto Loth, Al-Kindi als Astrolog in „Morgenländische Forschungen", Festschrift zu Ehren Fleischers. Leipzig, 1875. S. 263 ff. Über das Alter der Astrologie bei den Arabern cfr. Steinschneiders Abhandlung in ZDMG. bes. „Über die Mondstationen )Naxatra) und das Buch Arcandum", das. XVIII, 1864; dagegen spricht sich für ein viel höheres Alter aus Fritz Hommel, „Über den Ursprung und das Alter der arabischen Sternnamen und insbesondere der Mondstationen", das. XLV, 1891, S. 592—619.

³) Siehe dessen „Königskrone (Kether Malkuth)".

⁴) So in seinem Komm. zu II. M. 32, 52: כי כל הנזירות על הכללים ועל

V. M. 4, 19: דבר משה הוא כי יש לכל עם וגם כבב ידוע הפרטים הם במערכות שמים

macht wohl Miene, die Astrologie zu bekämpfen, indem er sie als blosses Nachäffen der Prophetie hinstellt[1]) und ihre Nichtigkeit betont[2]), giebt jedoch zu, dass der Mensch zu schwach sei, sich dem Glauben an ihren Einfluss ganz zu entziehen[3]); einen gewissen Einfluss höherer Kräfte giebt er zu mit dem Vorbehalt, dass die Kenntnis desselben Gott allein zukomme. Er erklärt sich sogar bereit, das Richtige der Astrologie anzunehmen, wenn es dazu diene, die Aussprüche der Rabbinen zu stützen[4]). Während so die Rücksicht auf die Autorität der talmudischen Lehrer Jehuda ha-Levi dahin führte, der Astrologie eine gewisse Berechtigung zu lassen, nimmt Maimuni, solchem Schwanken fern, in dieser Frage eine feste Stellung ein. Bedingt ist dieselbe durch seine Anschauung über **Teleologie**, **das Verhältnis des Menschen zur Schöpfung und die Providenz**. Sowohl[5]) nach denen, welche die Ewigkeit der Welt annehmen, als auch nach denen, welche eine Schöpfung anerkennen, ist die Frage nach dem **Endzweck der Dinge** eine müssige. Nach ersteren kann von einem solchen nicht die Rede sein und nach letzteren wäre er im Willen Gottes zu finden. Wohl haben die Dinge alle einen **ihnen innewohnenden**, einen **immanenten** Zweck, den aufzufinden Sache der Naturforschung ist, aber der **transcendente Zweck** eines jeden Dinges ist allein im Willen Gottes zu suchen. Falsch ist daher die Annahme, dass der Mensch Zweck der

---

ומול וכן יש לכל עיר ועיר ferner V. M. 18. 10; 32, 8; Jesod More c. 9 und 10 u. s. w. Vgl. **Kerem, Chemed** IV. p. 135.

[1]) **Kusari** I, 97; III, 53.
[2]) Das. IV, 23.
[3]) Das. V, 2.
[4]) Das. IV. 9 Cassel ed.² S. 322: „Wir leugnen ja auch nicht den Einfluss der höheren Kräfte auf irdische Ereignisse; wir räumen ein, das der Wechsel von Werden und Vergehen von der Sphäre abhänge. Aber die Gestaltung kommt von dem, der sie leitet und führt, der sie zu Werkzeugen zur Vollführung alles dessen, was er über die Dinge bestimmt, gemacht hat, ohne dass wir die Verteilung kennen. Der Sterndeuter behauptet, diese zu kennen und zu verstehen, und darin eben widersprechen wir ihm und sagen, dass kein Sterblicher derartiges zu fassen vermag; findet sich übrigens in dieser Wissenschaft etwas der göttlichen, von unserer Lehre bezeichneten Weisheit Nahekommendes, so nehmen wir es gerne an und sind daher über das, was über Sterndeutung in den Schriften unserer Weisen vorkommt, beruhigt, weil wir des Glaubens sind, dass es eine Überlieferung von göttlicher Kraft her, und also wahr ist."
[5]) **More**, III, 13; Le Guide III, 82—98; **Joël**, Die Religionsphilosophie etc. S. 42.

Schöpfung sei; es ist vielmehr jedes der Naturdinge um seiner selbst willen vorhanden. Denn wenn auch zugegeben werden kann, dass einige Dinge um anderer willen, wie die Pflanzen um der Menschen willen, da sind, so ist es doch ungereimt, das unermessliche All als für den Menschen allein geschaffen, anzunehmen. Ist nämlich der Mensch das höchste, vollkommenste Produkt des Stoffes, so wäre höchstens alles, was in der sublunarischen Welt sich findet, seinetwegen da, insofern alles zur Erreichung der höchsten Vollkommenheit hinstrebt. Der Mensch steht [1]) aber in gar keinem Verhältnis zu den Sphären und Intelligenzen, was Grösse und noch mehr was Wesensvollkommenheit anbelangt. Daher ist es ein innerer Widerspruch anzunehmen, dass diese ausgezeichneten Himmelskörper nur für den Menschen da sind. Der Nutzen [2]), der den niederen Geschöpfen von ihnen zukommt — da ja die ganze sublunarische Welt durch die Bewegung der Sphären erhalten wird — ist nicht von diesen beabsichtigt, sondern nur Folge der Emanation ihrer Vollkommenheit [3]). Betreffs der Providenz ist Maimunis Anschauung [4]), dass der Mensch frei und Gott gerecht ist. Alles Gute, das dem Menschen begegnet, ist Lohn und alles Böse Strafe. Der Grad der Providenz, die dem Individuum zuteil wird, richtet sich nach dem Grade seiner Erkenntnis Gottes. Sie erstreckt sich daher in der sublunarischen Welt nur auf die Menschen, da es diesen allein möglich ist, sich durch Denkthätigkeit einen unsterblichen Geist zu erringen und dadurch mit dem absoluten Geiste Gottes in Verbindung zu treten [5]). Das Walten der göttlichen Vorsehung ist also graduell verschieden, je nach der Führung des Einzelnen. Aber obschon Gottes Vorsehung sich auf alle erstreckt, und Gott alles voraus weiss [6]), ist der Mensch dennoch in seinem Thun nicht determiniert. Das Wissen Gottes, wie das jetzt Mögliche sich künftig gestalten wird, entzieht keineswegs dieses Mögliche dem Bereiche der Möglichkeit.

Diese Anschauung Maimunis machte es ihm unmöglich, die Astrologie, etwa wie Abraham ibn Esra, trotzdem er mit ihm die

---
[1]) More III, 14; Le Guide III, 101—102.
[2]) More III, 13; Le Guide III, 94.
[3]) More II, 11; Le Guide II, 95.
[4]) More III, 17; Le Guide III, 124 ff. s. Joël, Die Religionsphilosophie S. 46.
[5]) More III, 17 Ende, 18; Le Guide III, 135—136, 136—141.
[6]) More III, 20; Le Guide III, 151—152.

herrschende Vorstellung von der Beseeltheit der Sphären teilt, anzuerkennen. Er kann die Prinzipien einer astrologischen Wissenschaft nicht billigen, da dieselbe ein **anthropocentrisches System und einen konsequenten Determinismus** fordert. Beides schliesst Maimuni aus. Ist auf diese Weise seine Gegnerschaft begründet, so soll im Folgenden seine Darlegung näher beleuchtet werden, um zu sehen, mit welchen Mitteln er die Astrologie bekämpft.

Er erklärt sie zunächt für nichtigen Schein, ja für beabsichtigte Täuschung und Fälschung. „Wisset," äussert er sich in einem Sendschreiben[1]), „dass alle Behauptungen der Astrologen, sei es, dass sie die Zukunft vorhersagen, sei es, dass sie das Geschick des Einzelnen aus dessen Nativität bestimmen, keine Spur von Verstand enthalten und durchaus Thorheit sind. Es stehen mir unwiderlegliche Beweise gegen die Prinzipien dieser Afterwissenschaft zu Gebote. Es haben sich mit diesem Gegenstande auch keine griechischen Weisen, sondern nur Chaldäer und Ägypter beschäftigt und den Irrtum zum Range einer Wisssenschaft erhoben, weil in ihm ihre Religion und ihr Glauben bestand." Mit klarem Blick hat Maimuni erkannt, was auch die neueren Forschungen[2]) ergeben haben, dass die Astrologie das Produkt des Sternendienstes Mesopotamiens war, und hat es mehrfach betont, dass sie eine Fortsetzung des heidnischen Sternkultus bilde[3]). Die Ursachen des Sternendienstes, die wir nach Maimuni oben[4]) entwickelt, haben in weiterer Folge auch für die Astrologie Geltung bewahrt. Die Vorstellung, dass die Sterne günstigen oder ungünstigen Einfluss ausüben, war geblieben, auch nachdem der Sternenkult aufgehört hatte, der zu dieser Vorstellung nur noch den Versuch hinzugefügt hatte, durch Opfer den Einfluss zu ändern. Maimuni ist somit nach seiner geschichtlichen Anschauung im Rechte wenn er auch die Astrologie auf die Völker, die er als Hauptvertreter des Sterndienstes ansieht, auf die Ssabier, zurückführt. Sie

---

[1]) Kobez, II, 25a col. 2.
[2]) Vgl. Mensinga, Über alte und neuere Astrologie S. 13 ff., S. 19 ff.
[3]) „Im Sternendienst, dieser uralten Religionsform, wird dem Menschen der Gedanke der Naturnotwendigkeit gegenständlich, indem er in dem ewig Wandelnden ein ewig Bleibendes, d. h. das Gesetz ahnt, auf dem die unabänderliche Ordnung des Daseienden beruht. Im Sternendienst wird das Gesetz, die Konstellation, das Verhältnis der Sterne zu einander göttlich verehrt. Die Sterne verkünden das Ungeheure, Geheimnisvolle, Ewige, an welches der Mensch sein vergängliches Leben und sein Geschick geknüpft glaubt und zu knüpfen sucht." Roskoff, l. c. I. S. 93.
[4]) S. oben Seite 19 ff.

haben, meint er¹), die Sterne verehrt und ihnen Wirkungen zugeschrieben, die sie nicht ausüben. Allein eine richtige astronomische Kenntnis widerlegt die Voraussetzungen der Astrologie, die sich alle auf zwei zurückführen lassen ²). Die erste ist die Behauptung, dass es Glücks- und Unglückssterne gebe, die zweite, dass die Stellung desselben Sternes an dem einen Punkte eine günstige, an einem andern aber eine ungünstige sei ³). Beide Behauptungen erweisen sich als falsch, da die Beschaffenheit der Sphären überall die gleiche ist.

Die Hauptbeweise für seine Widerlegung hat Maimuni aber dem Gebiete der Theologie und Philosophie entnommen. Die Astrologen behaupten⁴), dass die Geschicke des Menschen von den Sternen unabänderlich bestimmt seien. Wäre dieses wahr, so wäre die ganze göttliche Gesetzgebung unnötig, überflüssig und unausführbar. Denn ist es einmal durch den Stand der Sterne entschieden, dass der eine reich, angesehen, glücklich, kinderreich, der andere arm, kinderlos, verachtet und unglücklich werde, was hilft diesem die genaue Befolgung der göttlichen Gebote, da ihm doch Gott gegen die Bestimmung der Sterne keinen Lohn gewähren kann, oder was schadet jenem jegliche Übertretung, da ihn keine Strafe zu ereilen vermag. Es wird auf diese Weise Gottes Macht durch die der Sterne aufgehoben. Ja, das Falsche der astrologischen Anschauungen ergiebt sich auch noch daraus, dass Gott überhaupt keine Gesetze hätte geben können, da der eine, je nach dem Zwange der Sterne, sie erfüllen und ebenso der andere sie übertreten müsste, während doch jede Gesetzgebung, mit der Strafe und Lohn verbunden ist, die Freiheit des Handelns voraussetzt. Alle Gebote und Verbote müssten aufhören⁵), wenn der Mensch keine freie Wahl hätte, denn es wäre ungerecht, etwa einen Mörder für seine Mordthat zu bestrafen, wenn die Sterne es bewirkt, dass er der Mörder und jener der Getödtete sei; ebenso würden sich sonst noch die grössten Ungereimtheiten ergeben, wenn die Astrologie wahr wäre, und könnte dies nur zur Auflösung der menschlichen Gesellschaft führen. Nach den Lehren der Astrologen bestimmt die Konstellation der Geburtszeit über Vollkommenheit oder Unvollkommenheit und

---
¹) Mischnakomm. Adoda-zarah, IV, 7; vgl. More III, 29, 37, 46.
²) Mischnakomm. das.
³) Über Konjunktion und Opposition, so wie über die Einteilung der Häuser und deren Bezeichnung vgl. Mensinga, a. a. O. S. 21 ff., Roskoff, l. c. I, 94 ff.; Loth, Al-Kindi, die Noten zu S. 283 ff.
⁴) Kobez, II, 26a, col. 1 und 2.
⁵) Einleitung zu den „Sprüchen der Väter", Abschn. VIII; Pococke, p. 235.

prädestiniert alle Handlungen des ganzen Lebens. Dass dieses falsch ist, darin stimmt die göttliche Lehre mit der griechischen Philosophie überein, und beide beweisen mit wahren Gründen, dass der Mensch bei allen seinen Handlungen freie Wahl hat, dass ihn nichts zwingt, sich zur Tugend oder zum Laster zu neigen, ausser dass ihm infolge seines Temperaments die eine Handlung leichter, die andere schwerer, keine aber unmöglich wird.

Aber auch schon aus folgender Betrachtung [1] leuchtet das Falsche der Astrologie ein. Ist nämlich der Mensch zu allem nach unabänderlichen Gesetzen genötigt, so ist alles Lehren und Lernen, jegliche Unterweisung in Kunst und Wissenschaft eitles, vergebliches Bemühen, da es ja bei solcher Voraussetzung ganz unmöglich ist, dass nicht der Mensch auch ohne sein Hinzuthun, vermöge jener Macht diese für ihn bestimmte Wissenschaft kenne und jene Kunst ausübe, sowie diese Gemütsart annehme auch ohne jegliche Erziehung. Ein ebenso thörichtes Unterfangen wären in einem solchen Falle alle Vorbereitungen der Menschen, die die Sicherheit oder Bequemlichkeit bezwecken, wie das Häuserbauen, Geldansammeln oder die Vorsichtsmassregeln gegen Gefahren und die Flucht vor ihnen, wenn das einmal Bestimmte nicht ausbleiben kann. Es sind aber die astrologischen Behauptungen gänzlich falsch und im Widerspruche mit der Erfahrung, der Vernunft und dem göttlichen Gesetze. Zweifellos und wahr ist dagegen, dass der Mensch in seinem Verhalten vollkommen frei ist, ohne jede Beschränkung seitens der Sterne. — In solcher Art zeigt Maimuni das Unrichtige der Astrologie, indem er ihre Konsequenzen zieht, die im Widerspruche mit der Vernunft und den thatsächlichen Verhältnissen stehen.

Als weiteren Beweis gegen die Astrologie führt Maimuni an, dass ihre Vorherbestimmungen nicht eintreffen und nicht eintreffen können. Die Astrologen behaupten [2], dass die Konjunktionen bestimmen, ob einem Volke Glück oder Unglück bevorstehe, dass aus den Konstellationen der Sterne zu erkennen sei, ob ein bedrücktes und gedemütigtes Volk wieder zu Kraft und Blüte erstehen, ob eine im Vollbesitze ihrer staatlichen Unabhängigkeit befindliche Nation besiegt und unterjocht werden werde [3]. Nun hat aber die Geschichte dieses

---

[1] Das.; cfr. Pococke, p. 234.

[2] Sendschreiben an die Gemeinden Yemens. Kobez, II, 5a, col. 2, 5b. col. 1 und 2.

[3] Auch in der politischen Geschichte der arabischen Herrschaft gaben die Konstellationen und Konjunktionen vielfach Veranlassung zu Aufständen,

Voraussagen Lügen gestraft. Denn gerade zur Zeit Moses verkündeten sämtliche ägyptischen Astrologen in völliger Übereinstimmung, dass Israel nie zur Selbständigkeit gelangen, nie das schwere Joch des harten Frondienstes abschütteln werde. Es geschah aber, dass während die Astrologen sich bemüssigt sahen, die tiefste Erniedrigung des Volkes zu prophezeien, es zur höchsten Vollkommenheit ausersehen gewesen. In gleichem Irrtum befanden sich die Astrologen in Bezug auf Ägypten, dem sie höchstes Glück, gesunde klimatische Verhältnisse, Fruchtbarkeit, Wohlergehen und Frieden voraussagten, während gleichsam ihnen zum Hohne damals die schwersten Plagen und Unglücksfälle über dasselbe hereinbrachen. — Als ebenso trügerisch zeigt uns die Geschichte die Kunst der Astrologen in Babylon. Dort verkündeten Sterndeuter und wer sonst sich weise dünkte, den Schleier der Zukunft zu lüften, einstimmig, dass Babylon erst am Anfange seiner Macht und Herrlichkeit stehe, und schon war dessen Sturz im Anzuge. — Es haben somit weder die grossen noch die kleinen Konjunktionen irgend welche Bedeutung; ebenso bedeutungslos und unwahr, wie in Bezug auf Völker, ist die Astrologie in ihrer Nativitätstheorie in Bezug auf Individuen, nach welcher die Anlagen und Fähigkeiten des neugeborenen Kindes von der Konstellation abhängig sein sollen. Diese Theorie bestimmt, dass alle unter der „erdigen Triplicität" [1]) Geborenen geistiger Anlagen völlig bar sind. Zu ihrer Widerlegung reicht die Thatsache hin, dass, wie sich berechnen lässt, unter dieser Triplicität nicht bloss die Stammväter Abraham, Isak und Jakob geboren wurden, bei denen schon von einem solchen Einflusse nicht gut die Rede sein kann, sondern auch der König Salomo, der weiseste unter den Menschen. Nichtig also und falsch ist diese scheinbare Wissenschaft. „Schaffe sie daher weg aus deinem Herzen, halte von ihr frei deinen Sinn, und reinige deinen Geist von ihr, wie man Kleider vom Schmutze rein wäscht. Das ganze Gebäude der Astrologie ist unhaltbar. So zeigt es sich dem wahren Weisen, selbst wenn er nicht Anhänger der göttlichen Lehre ist, um so mehr muss es erst diesem als leerer Wahn erscheinen [2].")

Dieses verwerfende Urteil ist bei Maimuni das Resultat eifrigen

---

indem die unterjochten Völker aus ihnen Hoffnung auf Freiheit schöpften. Vgl. Loth, l. c. 269; Chwolson, die Ssabier I, 288 Anm. 3.

[1]) „Trigonus terreus" cfr. Loth, l. c. p. 292 n. 3; ibid. p. 296 n. 2: Mensinga, Über alte und neuere Astrologie. S. 21.

[2]) S. Kobez, das.

Forschens. Er hat, laut seiner eigenen Aussage ³), sich viel mit diesem Gegenstande, der zu seinen ersten Studien gehört hatte, beschäftigt und die ganze ihm zugängliche arabische Litteratur gründlich durchforscht. Die einmal gewonnene Überzeugung trägt er mit aller Entschiedenheit vor und spricht über dieses Thema gegen seine sonstige Gepflogenheit ¹) öfters und ausführlich. Alles dies hat den Zweck, diesen so tief eingewurzelten Glauben an die Macht der Sterne aus dem Herzen seiner Glaubensgenossen zu bannen. Er wusste, dass er es hier mit einem Zweige des Aberglaubens zu thun habe, der von jeher des Menschen Sinn gefangen gehalten, sowohl durch die scheinbar wissenschaftliche Methode, als auch durch das Berückende des Gegenstands selbst. Schmeichelte es doch dem, der sich der Herr der Schöpfung zu sein einbildete und alles für sich geschaffen wähnte, in den strahlenden, leuchtenden Himmelskörpern sein Schicksal zu lesen, jene ewigen, unvergänglichen Wesen zu Freunden oder Feinden zu haben. Einer strengen Zurückweisung bedurfte es aber auch deshalb, weil die Astrologie ihre Stütze, wie wir am Anfange dieses Kapitels gezeigt haben, nicht bloss in der zeitgenössischen Richtung, sondern auch in der Autorität vieler Rabbinen hatte. Maimonides schloss sich der Richtung des Talmuds an, die den siderischen Einfluss verwirft; die Aussprüche der anderen Rabbinen werden von ihm rationell erklärt. Mit R. Akiba ²) hält er ³) die „Meonnenîm" für Sterndeuter, die nach astrologischen Regeln angeben, ob ein Tag günstig oder ungünstig, geeignet oder nicht geeignet sei, ein bestimmtes Werk zu beginnen. Er betrachtet als ein Vergehen gegen das göttliche Verbot schon das blosse Mitteilen solcher Nichtigkeiten, selbst wenn man sich nicht darnach richtet. Den so oft im Talmud vorkommenden Ausdruck מזל (Mazzâl) erklärt er ⁴) als Bezeichnung für Stern und Sphäre. Nun ist es nach seiner Anschauung Thatsache, dass die sublunarische Welt durch die von den Sphären ausgehenden Kräfte erhalten wird, und zur Bezeichnung dessen gebraucht der Talmud den Ausdruck Mazzâl. Es ist dies also der Ausdruck für die ewig wirkenden Naturkräfte

---

³) Sendschreiben nach Marseille, Kobez, II, 25a col. 1.
¹) Cfr. ולו היה אפשר לי לשית התלמוד כלו בפרק אחד לא הייתי משים אותו בשנים Kobez II. 10a col. 2.
²) Talm. b. Sanhedrin 65b.
³) Hilch. Akkum c. XI, §§ 8—9. Voss, de idolatria p. 152—153. c. XI, §§ 9—10.
⁴) More II, 10; Le Guide II, 84.

als den physischen Einfluss der Sterne. In diesem Sinne heisst es [1]: „Es giebt keine Pflanze auf der Erde, die kein Mazzâl im Himmel hätte, das sie zum Wachsen zwingt", was nichts weiter besagt, als dass jede Pflanze von der ihr entsprechenden Sphärenwirkung die Kraft zum Wachsen erhält. Wenn es nun ferner heisst [2], „für Israel gilt kein Mazzâl", so will dies besagen, dass Israels Glück und Unglück nicht allein abhängt von den natürlichen Ursachen und dem gewöhnlichen Laufe der Dinge, sondern bedingt ist durch die Befolgung oder Ausserachtlassung der göttlichen Gebote [3]. Maimuni besitzt auch den Mut, es auszusprechen, dass man sich in Bezug auf die Astrologie, deren Nichtigkeit er nachgewiesen zu haben glaubt, selbst nicht auf talmudische Autoritäten, wenn diese für sie eintreten, stützen darf. „Ich weiss," schliesst er sein Sendschreiben an die Gemeinde von Marseille [4], „dass ihr in Mischna, Talmud und Midrasch Aussprüche einzelner Rabbinen findet, welche besagen, dass die Sterne zur Zeit der Geburt auf den Menschen einen bestimmenden Einfluss ausüben, es möge euch jedoch dies nicht auffallen. Denn wie man eine feststehende Entscheidung nicht in Rücksicht auf Diskussionen übergehen darf [5], ebenso darf man nicht durch Beweise erhärtete und der Vernunft entsprechende Dinge verwerfen und die Meinung eines einzelnen Weisen beachten. Es ist ja möglich, dass ihm zur Zeit, als er einen solchen Ausspruch that, die biblische Bestimmung nicht gegenwärtig war, oder dass in solchen Aussprüchen nur irgend eine Anspielung auf Zeit und Umstände enthalten ist. Dies kann um so mehr angenommen werden, da selbst Bibelverse bekanntlich nicht immer wörtlich aufzufassen sind, wenn der wörtlichen Auffassung die Vernunfterkenntnis entgegensteht, was ja schon die alten Versionen berücksichtigt haben. So gilt, wie überhaupt, namentlich betreffs der Astrologie der Grundsatz, dass man nie eigene Einsicht hinter sich werfe und missachte, denn der Mensch hat seine Augen nicht hinten, sondern vorn."

So entschieden ist Maimuni in der Verurteilung der Astrologie; dies charakterisiert besonders die freie, klare Denkweise dieses

---

[1] Bereschit rabba c. 10.
[2] Talm. b. Sabbat 15b.
[3] Kobez, II, 11a col. 2. מאמר תחיית המתים ומפני זה אמרו אין מזל לישראל ר״ל שתקונם והפסדם אינם לסבה טבעית ולא על מנהג המציאות אלא נתלה בעבודה ומרי
[4] Kobez II, 26a col. 2.
[5] Es ist dies ein halachischer Grundsatz.

Mannes, wenn man erwägt, in welchem Ansehen die Astrologie damals stand. Nicht nur dass man alle Beziehungen der Menschen unter einander von den Sternen geregelt und bestimmt, des Einzelnen Geschicke bis ins kleinste von ihnen beeinflusst wähnte, sondern auch die Wirksamkeit von Natur und Kunst hielt man erst dann für möglich, wenn die Sterne sie zuliessen. So war insbesondere die Arzneikunst von der Astrologie beeinflusst; von den Sternen hing es ab, ob eine Medicin Wirkung ausübe oder nicht, ja, ob sie überhaupt angewendet werden dürfe, wobei man nicht bloss mit dem Einflusse der Sterne auf den ganzen Körper, sondern auch mit dem auf jeden seiner Teile zu thun hatte[1]). Aber Maimunis tadelnde Stimme verhallte fast ungehört; er war nicht imstande, den Glauben an die Vorausbestimmung durch die Sterne und ihre Macht aus dem Herzen seiner Glaubensgenossen ganz zu tilgen. Die allgemein herrschende Anschauung gewann die Oberhand über die Sprache der Vernunft. So beruft sich Abr. b. David aus Posquières bei der Bekämpfung der Ansicht Maimunis betreffs der Willensfreiheit auf das Vorauswissen der Astrologen und nimmt es als etwas Feststehendes an, dass Gott alles, was den Menschen betrifft, der Gewalt der Sterne überantwortet habe[5]). Wie für diesen ist auch für Nachmani die Astrologie eine über jeden Zweifel erhabene Wissenschaft. Seine Ansicht geht dahin, dass die Gestirne einen allmächtigen Einfluss ausüben, wogegen die Menschen nichts vermögen; dagegen seien die Engel und Führer der Sphären imstande, nach der ihnen von Gott verliehenen Gewalt die Konstellationen zu ändern[3]).

---

[1]) Über die Bedeutung der Astrologie für die damalige Medicin, vgl. Sprengel, Versuch einer pragmatischen Geschichte der Arzneikunde. Halle 1793. II T. S. 124 ff.; Rosenstein, Über Aberglauben und Mysticismus in der Medicin. Berlin 1866. S. 14 ff.; Carl Meyer, Der Aberglauben des Mittelalters, Basel 1884. S. 16—24; Schindler, l. c. S. 235; Mensinga, a. a. O. S. 32; Soldan-Heppe, a. a. O. S. 103.

[2]) Glosse zu Hilch. T'schuba c. V, § 5 והדבר ידוע שכל מקרה קטן וגדול מסרו הבורא בכח המזלות. Um jedoch nicht die Willensfreiheit zu leugnen, fügt der orthodoxe Rabbine hinzu, dass bei und trotz alle dem es dem mit Vernunft begabten Menschen möglich sei, diese so zu gebrauchen, dass er sich jenem Einflusse entziehe: אלא שנתן בו השכל להיותו מחזיקו לצאת מתחת המזל והוא הכח הנתון באדם להיותו טוב או רע והבורא יודע כח המזל ורגעיו אם יט כח השכל להוציאו לזה מדו אם לא. Das Gezwungene dieser Erklärung ist augenfällig; vgl. Kusari, V, 20.

[3]) Bibelkommentar zu V. M. 18, 10. Vgl. das. V. M. 4, 19; 32, 7; ferner Dissertatio p. 9, wo er auch erklärt, dass die Astrologie aus der allerältesten Zeit stamme.

Diese Anschauung, nach welcher die unabänderlichen Gesetze der Bewegung der Himmelskörper zum Spielball der Willkür werden, hat einen ganz folgerichtigen Zusammenhang, wenn der Mensch der Mittelpunkt der Welt ist, wenn alles nur dazu da ist, sein Geschick zu regeln; ihm die ewigen Beschlüsse zu verkünden. Nachmani geht hierin so weit, dass ihm die Zeichen des Tierkreises, die für die einzelnen Monate gelten, im Zusammenhange mit den biblischen Geboten, auf die sie hinweisen sollen, zu stehen scheinen[1]). Wie Nachmani so ist auch sein Schüler, Salomon ibn Adereth, von der Richtigkeit der Astrologie überzeugt[2]) und ebenso fast alle späteren gelehrten Rabbinen und Religionsphilosophen. Obgleich Maimuni das astrologische Wählen der Tage für Übertretung eines biblischen Verbotes und die Astrologie selbst als Ausfluss des Götzendiensts erklärte, blieb mit dieser auch jenes bestehen. Der abergläubische Sinn suchte sogar in den Worten der heiligen Schrift einen Anhaltspunkt für seine grundlos Furcht zu finden[3]).

Das Mittelalter mit seiner mystischen Versenkung in die Zukunft bei einer meist trostlosen Gegenwart war unter allen Zweigen des Aberglaubens diesem am geneigtesten. Das Gefühl und die dunkle Ahnung, dass die ganze Welt in einem innigen Zusammenhange, in einer kausalen Verkettung stehe, fand in dieser Kunst ihren Ausdruck. Das war die Ursache, dass die erleuchtetsten Männer der Wissenschaft, von Albert d. Grossen bis auf Melanchthon, mit Eifer

---

[1]) **Dissertation p. 4.** Die Wage ist das Zeichen für den Monat Tischri, um anzudeuten, dass Gott in diesem Monat Gericht hält und die Werke der Menschen wiegt. אם אמת הוא שה״זב ה דן עולמו בראש השנה ומתחלת בריאתו של עולם יסד כן ורמו כן לבריותיו בשמים שמול החדש מאזנים und in ähnlichen Worten Bibelkomm. III M. 23, 24: וגם יש בזה אות בשמים שהתחדש הזה מאזנים כי בו פלס ומאזני משפט לד׳.

[2]) Vgl. seine Gutachten No. 148, 409, 652, 825 und insbes. No. 413.

[3]) Bis auf den heutigen Tag werden in gewissen Gegenden die Tage des abnehmenden Mondes als ungünstig für wichtige Unternehmungen betrachtet, so dass noch bis vor kurzem in Polen und Russland Ehen zu Ende des jüdischen Monats nicht geschlossen zu werden pflegten, da man sicher glaubte, dass solche unglücklich sein würden. Der Montag wird überhaupt als Unglückstag angesehen, und man will einen Beleg dafür in der Schöpfungsgeschichte finden, weil die Bibel bei diesem Tage den Ausdruck כי טוב (da es gut ist) nicht gebraucht. Anklänge an eine solche Anschauung finden sich bereits Berresch. rabba c. 4. Maimuni schliesst sich (More I, 30; Le Guide I, 242) auch hierin der rationellen Erklärung an, dass dieser Ausdruck deshalb beim zweiten Tage fehlt, weil das Werk desselben erst am dritten Tage völlig vollendet wurde, wodurch auch die zweimalig Wiederholung dieses Ausdruckes beim dritten Tage erklärt ist.

ihr oblagen, und dass selbst die Erneuerung der Wissenschaft am Anfange der Neuzeit weit entfernt war, ihr Abbruch zu thun, sie erst recht zum Gegenstande eifriger Pflege machte und als Ausgangspunkt für höhere naturwissenschaftliche Studien betrachtete [1].

Wenn dies viele Jahrhunderte nach Maimuni der Fall ist, so können wir einerseits diesem Manne unsere Bewunderung nicht vorenthalten, zugleich es auch wohl verstehen wie sein Streben, seine Glaubensgenossen über ihre Zeit hinauszuheben, nicht von

---

[1] Gerade mit dem Wiederaufleben der classischen Studien beginnt auch für die Astrologie ein neuer Aufschwung. Agrippa von Nettesheim und Paracelsus geben ihr ein neues Gewand und sind für ihre Verbreitung besonders thätig. Die berühmten Astronomen Kepler, Tycho de Brahe, die durch ihre epochemachenden Entdeckungen die Astrologie in ihren Grundprinzipien untergruben, waren selbst auch Astrologen und machten ihre Entdeckungen im Dienste des Kaisers Rudolf II., eines der grössten Verehrer der Astrologie. Auch die Medicin hatte sich um diese Zeit noch nicht von dem astrologischen Einflusse frei gemacht. Vgl. Sprengel l. c. II S. 575. Einer der berühmtesten Ärzte des 16. Jahrhunderts, um so berühmter, eben weil er seine Arzneikunst mit der Astrologie verband, Cardanus (gest. 1578) sagt (angeführt bei Schindler, Der Aberglauben u. s. w. S. 236 Anm.): „Was uns Zufall scheint, muss eine Ursache haben; Dämonen können es nicht thun; denn hätten sie Macht, so würden sie den Bestand der Welt vernichten; also müssen es die Sterne thun; denn nirgends anders finden wir eine so bewunderungswürdige Weltordnung. So ein Arzt will auslegen, zählen und nennen die Krankheiten, so lehrt ihn das der Himmel: denn er zeigt an aller Krankheiten Ursprung, Materie und was dieselben sind, und weiter ist uns kein Wissen von Krankheiten, denn allein was da anzeigt der Himmel. Hieraus folgt nun, dass wir in der Heilung zu schreiben auch keinen weiteren Grund haben, zu ordnen und zu setzen nach unserem Gutdünken als allein, was wir aus der Anzeigung der grossen Welt lernen und sehen. Denn in so viel Teile teilen sich die Krankheiten in so viele Teile die Gestirne, in so viel Ursprung, in so viel Gewächs. So viel Namen der Sterne, so viel Geschlechter der Krankheiten. Die ist Martis, die Lunä, die ist Sagittarii, die Leonis, die Poli, die Ursä und also lässt sich die Natur in den Krankheiten nicht anders ergründen." Ähnlich meint Paracelsus (angeführt das.): „Alle Planeten haben im Menschen ihr gleich Ansehung und Signatur und ihre Kinder, und der Himmel ist ihr Vater, denn der Mensch ist nach Himmel und Erde gemacht. So er nun aus ihnen gemacht ist, so muss er seinen Eltern gleich sein als ein Kind, das seines Vaters alle Gliedmassen hat. Also hat der Mensch seinem Vater gleich. Sein Vater ist Himmel und Erden, Luft und Wasser. Dieweil nun sein Vater nun Himmel und Erden sind, so muss er all ihre Art haben, und all ihr Teil und nicht eines Härleins mangeln. Darum aus dem folgt, dass der Arzt das wissen soll, dass im Menschen sein Sonn und Mond, Saturn, Mars, Mercur, Venus und alle Zeichen, der Polus articus und antarticus, der Wagen und alle Quart im Zodiaco."

Erfolg gekrönt werden konnte. Es muss genügen, wenn ein Einzelner ohne Scheu seine richtige, den falschen Zeitanschauungen entgegenstehende Erkenntnis verkündet. Die wunderbare Kosmogonie des 12. Jahrhunderts konnte der Astrologie nicht entraten, jetzt, da beide in ihrer Nichtigkeit erkannt sind, dürfen wir Maimunis klarem Geiste den Zoll der Anerkennung nicht versagen.

## Zauberei und Wunderkuren.

Ein Zweig des Aberglaubens, der seit den ältesten Zeiten weite Verbreitung gefunden und für den gesamten Aberglauben geradezu als charakteristisches Merkmal gilt, war das Zauberwesen, in welchem seine Wahnvorstellungen zur praktischen Bethätigung gelangten. Dämonenglauben und Astrologie konnten nur im Menschen das Gefühl der Schwäche, dessen Bekämpfung eigentlich ihre Veranlassung gewesen, noch erhöhen; dass er sich als ein Spiel guter und böser Geister betrachten musste, dass er sein Schicksal in der wunderbaren, aber unabänderlichen Schrift der Himmelszeichen vorgezeichnet fand, war nicht geeignet, sein Selbstbewusstsein zu erhöhen, konnte vielmehr nur dazu führen, dass er schliesslich in dumpfer Resignation alle ihm angeborenen höheren Fähigkeiten brach liegen liesse. Allein ein Zustand des ruhigen Abwartens und Harrens ist dem Menschen unerträglich; ihn zwingt seine Natur, mit kühner Entschlossenheit doch selbst einzugreifen und den Kampf mit den ihm entgegenstehenden widrigen Mächten aufzunehmen. Diesem Sichaufraffen, dieser energisch eingreifenden Selbsthilfe hat er einerseits die grössten Siege auf geistigem und kulturellem Gebiete zu verdanken, andererseits waren sie aber auch Veranlassung der tiefsten und traurigsten Verirrungen, sobald er sich in seiner Kühnheit vermass, die ihm von der Natur gesetzten Schranken zu durchbrechen. Dies war der Fall, wenn er das Übersinnliche zur Erreichung sinnlicher Zwecke gebrauchen wollte. Mit dem Glauben und der Vorstellung, dass sein Geschick von guten und bösen Geistern abhänge, verband sich das Bestreben, mit diesen Geistern in Verbindung zu treten, um so die Macht, die jene über die Natur haben, sich dienstbar zu machen. Er beschränkte sich nun aber nicht darauf, sich die Geister durch Bitten günstig zu stimmen, sondern ging zur That über, welche einerseits als eine den Geistern angenehme Handlung ausgeführt wurde, durch welche sie veranlasst werden sollten, Gegendienste zu erweisen, andererseits den Zweck haben sollte, die Geister wider ihren Willen mit Gewalt zu gewissen Diensten zu zwingen. Solche Handlungen waren eben Zauberei [1]). Sie bestanden zumeist aus leeren, sinnlosen Formen. Mit ihrer Hilfe gaben Zauberer vor, die wunderbarsten und vernunftwidrigsten Wirkungen vollbringen zu können, dabei zielten sie auf die Erregung der niedrigsten Leidenschaften ab, um so die grosse Menge zu umstricken und irre zu leiten.

Die Zauberei, die es sich so zur Aufgabe macht, den Menschen Schutz gegen die bösen Geister zu gewähren und die Gunst der guten zu verschaffen oder mit Hilfe ersterer im Dienste der Sünde die von letzteren gewahrte Weltordnung zu ändern, geht von einer dualistischen Weltanschauung aus und ist, abgesehen von ihren weiteren Konsequenzen, mit dem Monotheismus unverträglich. Die Geschichte lehrt auch, dass thatsächlich das Zauberwesen seine grösste Entfaltung in der Zendreligion gefunden hat, wogegen der Monotheismus der Bibel dasselbe am schroffsten abgewiesen. Wie das göttliche Gesetz dem Götzendienste streng entgegentritt und ihn mit den härtesten Strafen belegt, so thut es ein Gleiches betreffs des Zauberwesens. Wo die Thora aber von Zauberei der Götzendiener berichtet, da geschieht es, nur um auf ihre Nichtigkeit [2]) hinzuweisen. In gleicher Weise wird in den prophetischen Büchern gegen das Zauberwesen geeifert und das trügerische Thun der Zauberer gegeisselt, nur die Erzählung von der Zauberin von Endor scheint eine Ausnahme zu bilden [3]).

Die talmudische Zeit verhält sich in Bezug auf diese Art des Aberglaubens, wie in betreff der übrigen: die einen unter den Rabbinen weisen sie rundweg ab, die anderen sehen die Zauberei als wirksam an, nur dürfe der Bekenner des ewigen Gottes, meinen sie, dieselbe nicht praktisch ausüben. Da die Majorität sich dieser letzteren Ansicht zuneigt, so finden sich in den halachischen Bestimmungen manche, die ihren Grund in diesem falschen Glauben haben. Die talmudische Ansicht blieb dann massgebend für die

---

[1]) Der Zauberglaube ist das Ergebnis einer verirrten Reflexion über die Causalität der Naturerscheinungen und über die Bedingungen und Schranken, innerhalb deren sich der Mensch zur Ausübung seiner Herrschaft über die Dinge der sichtbaren Welt berufen weiss. Solden-Heppe, Gesch. d. Hexenprocesse, I. S. 8.

[2]) So vermögen die Zauberer nichts gegen die Wunder Moses.

[3]) I. Sam. c. 8, 3—21. Über die verschiedenen Erklärungen der jüdischen Gelehrten s. D. Joël, Der Aberglaube. Heft I, S. 30—46.

gaonäische Zeit, in welcher jedoch unter äusserem Einfluss, wie es beim „Dämonenglauben", — mit welchem Magie und Zauberei eng zusammenhängen —, erörtert wurde, die Ansicht von der Wirksamkeit des Zaubers sich verstärkte. Dazu trugen noch die damals in grosser Menge auftauchenden, mystischen Pseudepigraphien das ihrige bei. Unter ähnlichen Verhältnissen befanden sich die Gelehrten der arabisch-spanischen Schule, nur dass bei ihnen noch der Einfluss des im Abendland bereits herrschend gewordenen Teufelsglaubens dazu kam[1]). In den Schriften jener Epoche bemerken wir daher ein Schwanken vom schroffsten Verdammen bis zum blinden Anerkennen der theurgischen Praktiken. Während ein gewisses Gefühl sagte, dass sie unjüdisch und dem Geiste des Mosaismus widersprechend seien, waren sie durch die Gewohnheit geheiligte Bräuche geworden, die sich auf die Autorität so berühmter Männer beriefen, denen man gar nicht einen Widerspruch gegen die heilige Lehre zu-

[1]) „Im Punkte des Wunderbaren liessen sich unsere Vorfahren viel gefallen. — Bei den willkürlichen, allgemein angenommenen Kosmogonien war die wunderbare Erklärung die Grundlage selbst des gemeinen Wissens und das Übernatürliche der wesentliche Bestandteil des Lebens. Das gewöhnliche Einschreiten himmlischer und höllischer Mächte, bei allen irdischen Begebenheiten bildete einen Hauptartikel im Glauben unserer Väter. — Durch jedes glückliche oder unglückliche Ereignis, welches den Geist oder Körper traf, sah man stets das Lächeln der Engel oder die Grimassen des Teufels hindurchschimmern. Diese naiven Glaubensansichten hatten ihren ganzen Grund in der Art und Weise, wie man sich damals das Weltall dachte. Bei dem System, das bis zur Erfindung des Fernrohrs dauerte, war das Universum in drei abgesonderte, aber am Rande aufeinandergesetzte Teile geschieden. Im Centrum des oberen Teils thronte Gott, umgeben von einem himmlischen Hofstaate nach dem Muster und dem Zuschnitte des Hofstaats unserer Könige. Im unteren Teile war die Hölle, der von Lucifer und seinen schauerlichen Legionen bewohnte Abgrund. Zwischen diesen beiden Reichen, dem Reiche des Guten und dem Reiche des Bösen, befand sich die Erde, allein bevölkert von verantwortlichen Wesen und abhängig von den Wandlungen der vier Elemente und den unumstösslichen Schranken der Stunden und Jahrhunderte. Auf diesem dritten schweren und starren Weltteil litt und stritt der Mensch, umschichtig hin- und hergezerrt von den Boten der beiden anderen Regionen, die sich mit der Geschwindigkeit des Wunsches überall hinversetzen und ganz beliebig verkappten. Was für einen Gebrauch konnten die so eingeklemmten, geängstigten und scharf beaufsichtigten Menschen von ihrer Vernunft machen? Die Willkür umstrickte sie von allen Seiten, und die nach gesetzmässigen Hergängen forschende Wissenschaft stiess sich bei jedem Schritt und Tritt an Zauberei." ... Eduard Koloff, Die sagenhafte und symbolische Tiergeschichte des Mittelalters, in Raumers Hist. Taschenbuch. 4. Folge 8. Jhrgng. Leipzig 1867. S. 265—266.

muten konnte¹). Dem Auge jener Zeit fehlte der kritische Blick, das Unterschobene vom Echten zu scheiden, den Gelehrten der Mut, gegen Autoritäten das als falsch Erkannte zu verdammen. Ein Mann von so weitgehender Rücksichtslosigkeit im Dienste der Wahrheit war Maimuni. Nach dem, was in den früheren Abschnitten über seine Anschauungen ausgeführt worden ist, dürfen wir von ihm eine entschiedene Zurückweisung des Zauberwesens erwarten. Er, der Engel bloss als Sphärengeister ansah und die Realität von Dämonen leugnete, konnte eine mit Hilfe übersinnlicher Kräfte wirkende Zauberei und Mantik nimmer zugeben; er musste sie aber auch aus dem Grunde verwerfen, weil sie allen als Kausalverhältnisse von Ursache und Wirkung feststehenden Naturgesetzen, wie der Vernunft überhaupt Hohn spricht. Maimuni sah die Zauberei und Mantik als das an, was sie wirklich ist, als eine zum Teil mit wirklichen, aber geheimen Mitteln wirkende Kunst, bei der jedoch ein eventuell sichtbarer, erzielter Erfolg auf Rechnung des aufgeregten Sinnes und der Phantasie zu setzen ist. So charakterisiert er schon in seinem Jugendwerke Zauberer und Wahrsager mit folgenden Worten²): „Ich behaupte, dass Wahrsager, Sterndeuter und die anderen Mitglieder der Zunft, die die Zukunft voraussagen, notwendiger Weise nur zum Teil das Richtige verkünden, meist aber Falsches. Wir erfahren es selbst, und auch jene Geheimkünstler müssen es zugeben. Die Wahrsagung der Berühmteren mag etwas mehr Wahres enthalten, als die der anderen, aber in allen Punkten trifft auch sie nie zu. Ja, die Besitzer angeblich höherer Kräfte rühmen sich selbst nicht einmal dessen, dass sie in allem Recht behalten. Ihre Vorausbestimmungen sind vielmehr derart, dass, wenn sie etwa einem Jahr Dürre verkünden, es bloss wenig regnet; oder dass ein Regen, den sie für den nächsten Tag aussagen, erst am dritten fällt, und dem Ähnliches. Selbst dies ist nur der Fall bei den berühmten Wahrsagern, d. h. bei solchen, die besodners kundig sind der Regeln ihrer Kunst." Maimuni schränkt so die Kunst der Mantik auf eine ungründliche Erfahrungswissenschaft ein. Denn, indem er den Ansichten derjenigen Rabbinen, die eine Möglichkeit der Wahrsagerei behaupten, sich scheinbar anschliesst, giebt er doch nur so viel zu, dass ein annäherndes Zutreffen möglich ist bei denjenigen, die in ihrer Kunst wohl bewandert sind, nicht bloss die Formeln, sondern

---

¹) Ibn Aderet, Gutachten No. 408 und 413.
²) Einleitung zum Mischnakommentare; Pococke, Porta Mosis p. 21 ff.

auch die Erfahrung, aus der sie abgeleitet sind, kennen. Ferner zeigen die Beispiele, die er wählt, auf welchem Gebiete er sie gelten lassen will. Allgemeine Naturerscheinungen lassen sich bei einer längeren genauen Beobachtung mit teilweiser Sicherheit voraussagen. Es wäre nach ihm so auch die Voraussagung der Hexe von Endor zu eben dieser Gruppe zu rechnen. Die Frau, mit den Verhältnissen wohl vertraut, verkündet dem Könige Saul einen seiner Mutlosigkeit entsprechenden Ausgang der Schlacht. Wenn Maimuni an unserer Stelle den Wahrsagern höchstens die Unsicherheit ihrer Orakel vorzuwerfen hat und so noch glimpflich über sie urteilt, so spricht er sich in seinen Hauptwerken geradezu verdammend über sie aus und nennt die Werke der Theurgie einen Götzendienst.

Ehe wir fortfahren, müssen wir noch die Erklärung anführen, die Maimuni, oft abweichend von den ihm vorgelegenen jüdischen Quellen, für die biblischen Bezeichnungen der verschiedenen Klassen von Zauberern und Geisterbeschwörern giebt[1]). Diese sind nach Deuteronomium (18, 10—11) Kosem, Meonen, M'nachesch, Chober, Schoel ob w'jidoni, Doresch el-hamethim. Kosem (קסם) Wahrsager, erklärt er als denjenigen, der eine bestimmte, vom gewöhnlichen Thun abweichende Handlung vornimmt, um durch Fesselung der Sinne von allen äusseren Eindrücken abgelenkt in der Ekstase die Zukunft zu verkünden. Die einen unter diesen Wahrsagern bedienen sich dabei des Sandes und der Steine, andere wälzen sich unter unartikuliertem Schreien auf der Erde, wieder andere starren lange in Glas- oder Metallspiegel, bis sie in Ekstase geraten. Der Chober (חבר Banner) spricht sinnlose Formeln, die keiner Sprache angehören, und wähnt in seiner thörichten Vorstellung, dass dies eine solche Wirkung ausübe, dass Schlangen und reissende Tiere gebannt und Menschen vor Schaden geschützt werden. Für gewöhnlich hält der Bannende zur Zeit einen Schlüssel oder eine Münze[2]) in der Hand. Ein Totenbeschwörer (דורש אל המתים) ist jener, der fastet und auf Friedhöfen übernachtet, damit die Toten ihm im Traume Antwort auf seine Fragen erteilen. Andere Totenbeschwörer ziehen bestimmte Kleider an und nehmen Räucherungen vor, wobei sie gewisse Formeln sprechen, und schlafen einsam, damit ein bestimmter Tote ihnen im Traume erscheine. Die Toten-

---

[1]) Hilch. Akkum c. XI, 4—13; Voss, De idolatria p. 145—159; Sefer Hamizwot No. 9, 31—33, 35; Vgl. D. Joël, l. c. I, 64; Scholz, l. c. 91 ff.
[2]) Münze oder Fels (סלע). Wir entscheiden uns fürs erstere.

beschwörer [1]) verkünden die Zukunft, wie ihr eigener Sinn es ihnen eingiebt. Denn infolge des Fastens und des Schlafens auf den Gräbern sind ihre Träume, die ihnen die Zukunft verkünden, nach ihrem eigenen Denken geartet. Der Baʿal ob (בעל אוב Nekromant), nimmt einen Totenschädel [2]), dessen Fleisch bereits verwest ist, stellt ihn im Geheimen auf, macht vor ihm Räucherungen, spricht verschiedene Formeln und glaubt alsdann vom Schädel eine Totenstimme zu vernehmen [3]). Der Baʿal jidʿoni (בעל ידעני) nimmt in den Mund vom Vogel Jaddua [4]) einen Knochen, der dann so spricht, dass die Stimme

---

[1]) Mischnakomm. Sanhedrin VII. 13: הדורש אל המתים הוא מין ממיני הבודים בעתידות דברים מלבם וזה כשיצום וילין בקברים והוא רואה בחלומות עתידות כפי מחשבתו.

[2]) Über einen Orakel verkündenden Kopf s. Fihrist-el-Uʾlûm des Mohamed ben Ischʾâq en-Nedim c. III bei Chwolson, Die Ssabier II, S. 19 ff., und Chwolsons Exkurs das. S. 142 ff., wo er mit solchen Orakel sprechenden Köpfen die biblischen Teraphim in Verbindung bringen und diese als nickende Marionetten erklären will, wogegen sich schon Scholz, Götzendienst S. 132 mit Recht erklärt.

[3]) Der Nekromant schwingt zugleich mit der Hand einen Myrtenkranz und spricht leise vorgeschriebene Formeln so lange, bis es dem Fragesteller vorkommt, als ob ihm jemand mit schwacher Stimme aus der Erde auf seine Fragen antworte und zwar so leise, dass nicht sowohl das Ohr, als vielmehr die erregte Phantasie die Stimme vernimmt. Hilch. Akkum, c. VI. § 1. Alle Vorbereitungen, welche die verschiedenen Beschwörer treffen, sind nach Maimunis Beschreibung nur dazu da, sich selbst wie die Zuhörer in Erregung zu versetzen und ihre Phantasie zu wecken; der betäubende Duft des Räucherwerkes, das eintönige Murmeln der Beschwörungsformeln, das Schwingen des Myrtenkranzes oder des Schlüssels versetzen bald Nekromanten und Zuschauer in einen aussergewöhnlich erregten Zustand.

[4]) Es sei gestattet, hier an einem Beispiele deutlich zu zeigen, wie Maimunis Sinn jeder Häufung von Wunderbarem und Aussergewöhnlichem abhold ist und er darnach strebt, alles in der einfachsten, dem gesunden Menschenverstande fasslichen Weise zu erklären. So bei der Erklärung von Jaddua; er meint, es sei ein bestimmter Vogel; dafür haben ihm wahrscheinlich Zauberbücher als Quelle gedient. Die meisten anderen Erklärer, wie Obadja von Bertinoro, Simson aus Sens, lassen dagegen diesen Knochen von dem fabelhaften Tiere Adne ha-Sade stammen, das in der phantastischen Zoologie der Alten eine bedeutende Rolle spielt. Schon der palästinensische Talmud (Kilaim VIII, 5, 31c, ed. Krotoschin) nennt es Bergmensch und weiss davon zu berichten, dass es mit einer Nabelschnur an die Erde gewachsen sei, mittelst welcher es seine Nahrung aufnehme, so dass es zu Grunde gehe, wenn diese Schnur gerissen ist. Simson aus Sens giebt im Namen des Meir ben Kalonymos dieselbe Erklärung, doch noch mehr ausgeschmückt. „Das Tier Jaddua", dessen Schädelknochen in der Zauberei Verwendung findet, ist an die Erde gewachsen vermittelst einer langen Nabelschnur, die ähnlich ist den

aus dem Munde des Nekromanten oder aus seiner Achselhöhle hervorzukommen scheine¹). Es ist wohl zu beachten, dass in allen diesen Fällen von keinem wirklichen Hören oder Sehen die Rede ist, sondern bloss von einem eingebildeten, wie es ja oft den Menschen zustösst, dass ihnen die Phantasie in der Einsamkeit Stimmen und

---

Ranken der Kürbisse. In seiner Gestalt gleicht das Tier dem Menschen, in der Bildung des Gesichts, des Leibes, der Hände und Füsse. Kein lebendes Geschöpf kann sich ihm nähern, da es alles, was in sein Bereich kommt, soweit ihm der Nabelstrang eine Bewegung gestattet, zerreisst und tötet. Die Jäger erlegen es dadurch, dass sie aus der Ferne den Strang durschiessen, worauf das Tier sofort tot hinfällt." Obschon Maimuni derartige Berichte vor sich hatte, da er ausdrücklich angiebt (Mischnakomm. Kilaim das.), dass diejenigen, welche „die Merkwürdigkeiten der Welt beschreiben", von diesem Tiere, dessen Namen im Arabischen al-Nanas ist, vieles erzählen, so auch, dass es in einer der menschlichen ähnlichen Sprache Unverständliches spreche, verhält er sich dem gegenüber sehr skeptisch. Noch mehr ist er es in einem Falle, der mehr einen naturwissenschaftlichen Mythus betrifft. Dass es eine Maus gebe, die zur Hälfte aus Fleisch und zur Hälfte aus Erde bestehe, soll zwar eine bekannte und anerkannte Thatsache sein, er findet aber dafür keine Erklärung (Mischnakomm. Chullin, IX, 6): והוא עניין אין מאד מפורסם מספר לרוב מעידין לי שראו זה א״עפ שמציאות בעלי חיים כזה דבר מתמיה ולא נודעת בו טענה בשום פנים. Bei der Annahme einer generatio aequivoca hätte ihm dies nicht so schwer fallen müssen. In späterer Zeit hat das Abendland nichts Wunderbares an solchen Geschöpfen gefunden. War es doch für dasselbe keinem Zweifel unterworfen, dass die Bernickel-Gans in Muscheln eingeschlossen auf Bäumen wachse, an denen sie mit dem Schnabel hänge, und es galt nur als zweifelhaft, ob das Fleisch dieses Vogels als richtiges, in den Fasten verbotenes Fleisch anzusehen sei. Siehe Jore-Dea, c. 84 und vgl. darüber den Aufsatz von Oppenheim, Die Bernickel-Gans in Graetz Monatsschrift 1869 S. 88, ferner das. 1879 S. 236; Güdemann, Gesch. d. Erziehungswesens, I, 117, sowie Steinschneiders Hebr. Bibl. XXI, 54.

¹) Nachmani, der die Realität der Dämonen anerkennt, ist auch von der Wirklichkeit der Zauberei überzeugt. Er findet es erklärlich, dass Vögel die Zukunft verkünden können, da sie dieselbe von den Führern der der Erde zunächst befindlichen Sterne erfahren, und daher ist auch nach ihm die Kenntnis des Vogelflugs und Vogelschreis eine wirkliche Wissenschaft. Interessant ist, was er betreffs der Totenbeschwörung mitteilt. Zur Ausübung dieser Kunst sind, wie ihm Kunstbeflissene versicherten, zwei Personen nötig, ein Mann und eine Frau. Die Beschwörung erfolgt in der Weise, dass der Mann am Kopfende des Grabes sich hinstellt und die Frau am Fussende steht; zwischen beiden in der Mitte befindet sich eine Glocke. Die Beschwörungsformeln werden unter fortwährendem Läuten hergesagt. Die Frau sieht dann den Toten, wogegen der Mann seine Stimme hört, welche die Zukunft verkündet. (Komm. zu V. M. 18, 10—11; Dissertation, p. 11 ff). Es ist merkwürdig, dass hier Nachmani im Gegensatz zu anderweitigen Berichten (vgl. Carl Meyer, Der Aberglaube des Mittelalters S. 185 ff) Glocken bei Zauberhandlungen ver-

Gestalten vorgaukelt[1]). — Bei der Erklärung von Nachasch schliesst sich Maimuni den früheren Erklärern an, dass darunter das Achten auf zufällige Vorzeichen zu verstehen sei, und Meʿonen fasst er, wie oben erwähnt worden ist, als Astrologen.

In allen Zauberhandlungen und wunderbaren Erscheinungen ist nach Maimuni, wie wir sehen, keine Wirklichkeit, sondern bloss Täuschung und Einbildung der aufgeregten Phantasie. Wenn die Zauberei somit keinen Nutzen gewährt und nur in Selbsttäuschung und Täuschung anderer besteht, woher kommt es, dass sie geübt wird und was gab Veranlassung zu ihrer Entstehung? Auf diese Fragen giebt uns Maimonides in seinem „Führer"[2]) ausführliche Antwort. Die Ssabier, die dem Götzendienste des Sternenkults ergeben waren, hatten für diesen bestimmte religiöse Gebräuche, denen sie wunderbare und ausserordentliche Wirkungen zuschrieben, die auch für später das Muster für alles Zauberwerk abgegeben. Sämtliche Praktiken der ssabischen Zauberkunst lassen sich, trotz ihrer grossen Mannigfaltigkeit, unter drei Gruppen einreihen. Die erste Gruppe umfasst die Bestimmungen betreffs der Stoffe, welche aus dem Tier-, Pflanzen- oder Mineralreich zu verwenden sind, die zweite Gruppe enthält die Zeitangabe für die Ausführung, die dritte die Anweisungen zu Handlungen, die von den Menschen ausgeführt werden sollen, wie etwa Tanzen, Händeklatschen, Schreien, Lachen, Hüpfen auf einem Fusse oder auf dem Rücken Liegen auf der Erde, Verbrennen von Räucherwerk oder von sonstigen Gegenständen, Aussprechen von verständlichen oder unverständlichen Formeln. Manche Zauberkünste kommen nur bei Vereinigung aller dieser Handlungen zustande. So bestimmen sie z. B.: Man nehme eine gewisse Anzahl Blätter einer bestimmten Pflanze, wenn der Mond unter diesem oder jenem Grade nördlich oder südlich steht, ferner nehme man von dem Geweih oder den Haaren, dem Schweisse, Blute eines bestimmten Tieres, wenn die Sonne etwa im Zenith steht; ferner nehme man diese oder jene Metalle, schmelze sie bei einer bestimmten Konstellation der Sterne, spreche diese oder jene Formel, räuchere dann mit den Blättern das entstandene Bild, und man wird dadurch dieses oder jenes Ereignis eintreten lassen. Für anderen

---

wenden lässt. In späterer Zeit scheinen sie jedoch allgemein gebraucht worden zu sein, woher auch ihre Verwendung bei den heutigen sogenannten Schwarzkünstlern stammen mag.

[1]) Mischnakomm. Sanhedrin VII, 13.
[2]) More III, 37; Le Guide III, 277—296.

Zauber, glaubten sie, genüge wieder bloss eine Handlung. Ferner müssen manche, wenn sie wirksam sein sollen, von Frauen ausgeführt werden, so namentlich jene, die zum Hervorbringen von Wasser erforderlich sind ¹). Zehn Jungfrauen schmücken sich mit Halsgeschmeiden, ziehen rote Kleider an, tanzen so, dass die eine

---

¹) Wie tief dieser Aberglaube, dass Frauen bei jeglicher Wassernot helfen können, in die Vorstellungen der Völker, nicht bloss der Ssabier, (welchen Namen ja Maimuni, wie wir oben mit Chwolson angenommen haben, als Bezeichnung für Heiden überhaupt gebraucht), eingedrungen war, zeigt seine Verbreitung zu den verschiedensten Zeiten und in den entferntesten Gegenden. So besteht die Anschauung vom Regenzauber noch heute im Süden Europas: „Die Rumänen in der Gegend von Mediasch (Siebenbürgen) ziehen bei Regenmangel einem kleinen unter zehn Jahren stehenden Mädchen ein aus Kräutern und Blumen zusammengesetztes Hemde an, und alle Altersgenossen folgen der kleinen vermummten, Papaluga genannten Person, tanzend und singend. Dem Zuge wird, wohin er kommt, von den Weibern kaltes Wasser über die Köpfe gegossen. Die Bulgaren kleiden bei Dürre ein Mädchen in Nussbaumzweige, Blumen, Bohnen-, Kartoffel- und Zwiebelkraut und geben ihr in die Hand einen Blumenstrauss. Sie nennen sie Djuldjul oder Peperuga. Die Peperuga geht in Begleitung eines grossen Gefolges unter Gesang zu den Häusern umher. Der Hauswirt empfängt sie mit einem Kessel voll Wasser, auf dessen Oberfläche hineingeworfene Blumen schwimmen. Dem bulgarischen Djuldjul entspricht der serbische Name Dodola für das nackt ausgezogene, vom Scheitel bis zur Zehe, sogar im Gesicht mit Gras, Kräutern, Blumen verhüllte Mädchen, das, inmitten eines Reigens von anderen Jungfrauen stehend, vor jedem Hause in einem fort sich umdreht und tanzt, indess der Ring eines der sogenannten Dodolalieder singt und die Hausfrau eine Mulde Wasser über es ausschüttet. In Griechenland wählen die Kinder in Dörfern und kleinen Städten, wenn über 14 bis 20 Tage anhaltende Dürre und Trockenheit herrscht, unter sich eins, am liebsten ein Waisenkind, weil Gott die Bitten der Armen und Waisen besonders erhöre. Dieses Kind wird mit Kräutern des Feldes und Blumen vom Kopfe bis zu den Füssen geschmückt, nachdem es vorher bis auf die blosse Haut entkleidet worden ist; man nennt es Πυρπηρούνα. Die anderen Kinder ziehen singend mit ihm von Haus zu Haus. Jeder Hausherr und jede Hausfrau müssen der Pyrpöruna einen Para geben und ein Fässchen mit Wasser über ihr Haupt ausgiessen. — Einem ähnlichen Regenzauber begegnen wir im 11. Jahrhunderte in Hessen und am Rhein, den Burkhart von Worms verbietet. Bei grosser Trockenheit entkleideten Jungfrauen ein kleines Mädchen, führten sie nackt, wie sie war, vor das Dorf zu einer Stelle, wo Bilsenkraut wuchs, und hiessen sie mit dem kleinen Finger der rechten Hand dasselbe samt der Wurzel ausreissen, sodann an die kleine Zehe ihres rechten Fusses binden, so dass es hinter ihr nachschleppte. Jede Jungfrau hatte eine Ruthe in Händen. Sie führten das Regenmädchen in den nächsten Fluss hinein, besprengten es vermöge der Ruthen mit der Flut desselben und sangen Beschwörungen, um Regen zu erlangen. Endlich führten sie jenes nach Art der Krebse rückwärts schreitend vom Flusse zum Dorfe zurück."

die andere stösst, wobei sie fortwährend der Sonne zuwinken u. s. w.; auf diese Weise, glaubte man, werde Wasser hervorsprudeln. Andererseits sind auch Frauen erforderlich, um Hagel abzuhalten, was in dem Falle geschieht, wenn vier Frauen sich auf den Rücken legen und mit erhobenen, ausgestreckten Füssen gewisse Formeln sprechen. Insbesondere gab es, wie „die Agrikultur der Nabathäer" überliefert, viele abergläubische Gebräuche und Zauberhandlungen, die sich auf den Landbau bezogen. So glaubten sie, dass, wenn man Stoffe in Fäulnis übergehen liesse, dabei den Stand der Sonne unter einem bestimmten Grade beachtete und viele andere zauberische Gaukeleien dazu machte, der Baum, um den dieser Stoff gestreut würde, besonders reichen Ertrag bringe [1]). Namentlich erstrecke sich die Zauberkunst auf das Pfropfen von Bäumen, welches sie unter Beachtung des Eintritts bestimmter Konstellationen, unter Räucherungen und Hersagen von Formeln vorzunehmen pflegten. Für einen ganz besonders wirksamen Zauber erachteten sie es, wenn ein schönes Mädchen das Pfropfen vornahm [2]) und im Augenblicke des Vollzuges der Liebe pflog [3]).

Mannhardt, Wald- und Feldkulte, I. 327—331. Vgl. Schindler, Der Aberglaube S. 48. — In allen angeführten Fällen sind es Jungfrauen oder junge Mädchen, die singend oder tanzend den Regen herbeizaubern wollen, wobei zugleich symbolisch die Folgen des Regens, das Nasswerden, ebenfalls dargestellt werden. Möglich, dass dies auch bei den alten Gebräuchen vorkam, nur fehlt es in dem nicht vollständigen Berichte Maimuni's; es kann aber auch ein später hinzugekommener Bestandtheil sein, wie dies auch der religiöse Charakter der Lieder ist und sogar der Ersatz der Frauen durch junge Burschen (die **Pripats** und **Prporushe in Dalmatien**). Bei den Frauen mag auch die angenommene feuchte Natur derselben als dem Zauber günstig betrachtet worden sein.

[1]) Nicht die Anwendung des Düngers, sondern die von der Konstellation abhängige Wirksamkeit desselben ist das Abergläubische.

[2]) Über diese Art des Pfropfens vgl. Clement-Mullet, Livre de l'Agriculture d'Ibn-al-Awam I, 467 n., angeführt bei Munk, Le Guide III, p. 292 n. 2.

[3]) Die Vorstellung, die einem solchen Akte zu Grunde liegt, ist, dass das Leben und Gedeihen des Baumes abhängig ist und gefördert wird durch die Ceremonie am Körper des Menschen. Es bietet hier die Inokulation der Liebe das animalische Seitenstück zur Okulierung des Baumes und soll als solches den Erfolg desselben fördern. Mannhardt, a. a. O. S. 31 Anm. 1. Denselben Gedanken bringen auch verschiedene andere Gebräuche zum Ausdruck, so namentlich das **Brautlager** auf dem Ackerfeld, dessen Charakterzeichen es ist, dass Mann und Weib verbunden sich auf dem Acker wälzen. „In der Ukraine zieht am St. Georgstage (23. April a. St.) nach beendigtem Gottesdienste der Geistliche in vollem Ornat mit seinen Kirchendienern und der ganzen Gemeinde auf die ausgesäeten und bereits grünenden Felder des Dorfes, um sie nach griechischem Ritus einzusegnen. Den ganzen folgenden Nach-

Bei allen derartigen Handlungen ist die wirkende Ursache dem gesunden Menschenverstande überhaupt nicht erkennbar, vielmehr sollen es geheimnissvolle Kräfte sein, welche aus den Sternen stammend, den gewünschten Erfolg herbeiführen, so dass das Ganze auf die Verehrung der letzteren hinauslief. Aus der gleichen Quelle wurde auch das in Talismanen liegende Heil hergeleitet. Wenn nämlich ein Bild in bestimmter Form zur Zeit des Eintritts eines günstigen Sternes in eine glückbringende Konjunktion angefertigt wird, so kann man damit Nutzen schaffen; oder man kann Übel abwenden, wenn eine solche Figur bei ungünstiger Konstellation eines schädlichen Gestirns angefertigt wurde[1]). Alle diese Zauberhandlungen gehören zu den Kultusbräuchen der Religion jener alten Zeiten[2]). Durch ihre Ausübung glaubte man das Wohlgefallen des-

mittag bis in die sinkende Nacht bringt darauf der Bauer auf den Feldern zu. Man geht von einem Felde zum andern, begrüsst die Nachbarn und isst besonders für diesen Feiertag zubereitete kalte Speisen unter dem gehörigen Zusatz von Branntwein. Die alten Leute mit den Kindern bleiben in der Nähe der Feldwege; die erwachsene Jugend aber entfernt sich über die Felder, bis sie den Alten in einer Vertiefung aus dem Gesichte verschwinden. Hier stecken sie eine Stange mit einem angebundenen Tuche oder einer Flagge auf, angeblich um den Platz zu bezeichnen, auf dem sie sich vergnügen, und zum Zeichen, dass hier die Alten nichts zu suchen haben. Alle legen sich auf die Felder, und wer eine Frau hat, wälzt sich einige Mal mit ihr auf dem Saatacker um. Wie man denken kann, folgen diesem Beispiele auch die jungen Leute auf ihrem abseits gelegenen Turnplatze. Gefragt, weshalb sie auf diese Weise sich auf den Feldern wälzen, antworten sie, dass es von jeher so gewesen sei. Der heil. Georg habe sich auch auf den Äckern gewälzt, und man werde sehen, welcher Getreidesegen darnach zum Vorschein kommen wird." „In Kolbra (gold. Aue, Kr. Sangershausen) werden die Schnitter und Schnitterinnen, welche das erste Jahr mit auf die Arbeit gehen, Gesicht gegen Gesicht zusammengebunden und unter fröhlichem Gelächter der andern einen Hügel hinabgerollt. In Scharrel (Saterland) sammelten sich früher während des Roggenmähens allabendlich Schnitter und Schnitterinnen nach gethaner Arbeit auf dem Grünwege und Langhorstesch zu Trunk und Feier. Dann umfassten die Mädchen die Beine der Schnitter und die Schnitter die Beine der Mädchen, und so aneinandergeklammert rollte und wälzte man sich herum und nannte das walen." Mannhardt, das. S. 480 ff. In allen diesen Ceremonien finden wir eine von der ursprünglich wirklichen Handlung abgeschwächte symbolische, welche auf die Fruchtbarkeit hindeuten soll.

[1]) Diese Talismane können sowohl die Statuen und Bilder der Planeten als auch Gemmen und blosse mathematisch-mystische Figuren umfassen. Vgl. Mischnakomm. Aboda-zarah III, 1, 3, 4; IV, 7; Pesachim IV, 10; Sabbat VIII, 3.
[2]) S. More III, 29, Le Guide III, 235.

jenigen Sternes zu gewinnen, zu dessen Kultus sie gehörten, um von ihm die Erfüllung des Wunsches zu erlangen [1]). In solcher Weise fasst Maimuni alles Zauberwerk als Götzendienst auf. Da nun die Vernunft in keiner von diesen Manipulationen eine Ursache erkennen kann, weshalb durch sie die beabsichtigte Wirkung erfolgen sollte, so wäre sie auch nicht auf dieselben verfallen. Wenn man aber in dem Glauben lebt, dass durch gewisse Kultusakte die Gunst der Gottheit erlangt wird, dass sie den gewünschten Vorteil gewährt oder die gefürchtete Gefahr abhält, kann man leicht dahin gelangen, **ein zufälliges Mittelglied in der Kette als wirkende Ursache, begleitende Umstände als Hauptfaktoren anzusehen.** Man kann zu der irrigen Meinung gelangen, dass die verschiedenen Handlungen an sich schon geeignet seien, die gehofften Wirkungen hervorzubringen. **Zauberei ist also nach Maimonides die Übung von auf das gewöhnliche Leben übertragenen heidnischen religiösen Handlungen und Ceremonien** [2]). Das göttliche Gesetz verbietet daher alle Zauberei, weil sie Lüge und zugleich ein Akt des Götzendienstes ist. Es verbietet aber nicht bloss offenkundige Zauberei, sondern aus demselben Grunde auch jede Handlung, von der man eine Wirkung erwartet, die den natürlichen Ursachen nicht entspricht. Maimuni versteht demnach auch unter Zauberei im weitesten Sinne des Wortes das Erwarten einer Wirkung bei der Anwendung von Hilfsmitteln, die den Gesetzen der Vernunft und Natur nach eine solche hervorzubringen nicht geeignet sind.

Indem Maimuni diesen Grundsatz aufstellt und ihn als Kriterium dafür hinstellt, was als Zauberei verboten und was erlaubt ist, muss er auch Stellung nehmen zu manchem Gebrauch der damaligen Heilkunst. Die Medizin war bei den Alten ein Feld, auf dem sich gesunde Empirik mit den buntesten Gebilden einer von Angst gemarterten Phantasie begegnete. Die Bibel sieht zwar auch Gesundheit und Krankheit als göttliche Belohnung und Bestrafung an, verlangt aber in Krankheitsfällen nichtsdestoweniger die Anwendung natürlicher Heilmittel. In späterer Zeit scheint sich jedoch die Anschauung geltend gemacht zu haben, dass, da Gott die Krankheit sendet, es als eine Auflehnung gegen seinen Willen zu betrachten sei, sie mit natürlichen Heilmitteln zu bekämpfen, und dass nur von

---

[1]) More III, 37, Le Guide III, 279.

[2]) Maimunis Meinung stimmt hierin mit den neuesten Ansichten überein, die ebenfalls die Zauberei als die im Volke fortlebenden alten Ceremonien betrachten.

mystischer Bethätigung religiöser Vorschriften und Bräuche Genesung zu erhoffen sei — eine Ansicht, welche wohl von den auch sonst Mysterien huldigenden Essäern ausgegangen[1]) — und solche Verbreitung gefunden, dass der Talmud sich veranlasst sieht, aus dem Bibelworte die Erlaubnis für den Gebrauch natürlicher Arzneimittel zu deduzieren[2]). Aber wie diese meistens beschaffen gewesen, können wir daraus schliessen, dass man damals nicht natürliche Ursachen als Krankheitserreger annahm, sondern magische. „Böser Blick ist die Ursache der meisten Krankheiten und Sterbefälle," heisst es an einer Stelle[3]). Zuweilen sind auch Dämonen die Ursache derselben. Dem entsprechend bestanden die Heilmittel in Beschwörungen, Amuletten und Kuren, die auf Sympathie beruhen sollten[4]). Diese Meinungen betreffs der Krankheiten und der Mittel zu deren Behebung hatten im Mittelalter trotz Gegenäusserungen einzelner hervorragender Ärzte im Orient wie im Occident noch an Geltung zugenommen[5]). Maimonides, Schüler Galens und Ibn Sinas, selbst nicht unbedeutender Anatom[6]), konnte die medizinischen Vorschriften vieler Rabbinen nicht ohne weiteres billigen. Hatte er auch die Ansicht geäussert, dass medizinische Vorschriften, selbst wenn deren Erfolg ursächlich nicht ersichtlich ist, wenn nur die Erfahrung ihn wahrscheinlich macht, nicht als Zauberei anzusehen seien, und so viele talmudische Heilmittel als für ihre Zeit berechtigt hingestellt[7]), so musste er doch zugeben, dass die Medizin seiner Zeit diese nicht als wirksam anerkennen könne, und er verwarf gänzlich diejenigen Arzneien, deren Anwendung sich auf die Annahme gründete, dass die Krankheit von Dämonen erzeugt sei. Anknüpfend an die Besprechung des noch jetzt im Orient[8]) üblichen Mittels, gegen den Biss eines tollen Hundes dessen Leber zu geniessen, was von den meisten Lehrern des Talmuds nicht gebilligt

---

[1]) Vgl. Schorr, Hechaluz, VII, 56—57; VIII, 13.
[2]) T. b. Berach. 60a., Baba-kama 85b.: ורפא ירפא מכאן שניתנה רשות לרופא לרפאת.
[3]) Talm. b. Baba-mez. 107b.
[4]) Vgl. die Zusammenstellung der magischen Ursachen und Mittel bei Brocher, Das Transcendentale. 168 ff. 187 ff.
[5]) Sprengel, Gesch. der Arzneikunde, II. S. 135 ff., 151 ff., 218, 387 ff.
[6]) cfr. Maimunis eigene Worte in „Pirke Mosche" ed. Lemberg 1804, p. 2b. לולי עסק הנתוחים שהתעסקנו בו.
[7]) More III, 37; Le Guide III, 284.
[8]) Über den Gebrauch dieses Mittels im Orient vergl. Allg. Zeitung des Judentums 1891.

wird, bemerkt Maimuni Folgendes betreffs sympathischer Mittel überhaupt[1]): „Nur dann darf man sich biblisch verbotener Mittel als Arznei bedienen, wenn deren Heilkraft eine in ihrer Beschaffenheit begründete ist und Wissenschaft a priori wie Erfahrung hierin einig sind. Es ist jedoch nicht gestattet, bei sympathischen Kuren verbotene Mittel zu gebrauchen, weil die Wissenschaft ihnen keine Heilkraft zuerkennt und eine erprobte Erfahrung für sie nicht vorhanden ist." Wenn man erwägt, dass in Krankheitsfällen, die mit Lebensgefahr verbunden sind, wie es beim Biss eines tollen Hundes der Fall ist, die Übertretung biblischer Gebote überhaupt gestattet ist, so besagen Maimunis Worte nichts anderes, als dass solche sympathische Heilmittel nur aus dem Grunde nicht angewendet werden dürfen, weil ihnen die Wissenschaft jegliche Heilkraft abspricht. Wo aber die Wissenschaft eine Arznei als solche bezeichnet, so ist sie anzuwenden stets gestattet. Für die Verteidigung der medizinischen Wissenschaft tritt der Arzt Maimuni ebenso entschieden ein, wie der Philosoph für die der Philosophie. Manche überfromme Leute mögen, vielleicht unter dem Einflusse fremder fatalistischer Anschauungen, sich, wie einst die alten Essäer, gegen die Medizin ausgesprochen haben, indem sie auf den talmudischen Bericht hinwiesen, dass der fromme König Chiskija ein Buch der Heilmittel verborgen und es dem Gebrauche entzogen habe. Diese Beweisführung widerlegt Maimuni [2]) aufs schlagendste: „Das Buch der Heilungen" habe vielleicht als Heilmittel Dinge enthalten, die nicht gestattet sind, wie etwa die Anweisung zu den von den Astrologen verfertigten Talismanen, die nur die Menschen irre führen. Es sei aber auch möglich, dass jenes Buch eine Toxokologie gewesen ist, indem es die Vorschriften enthielt, wie man die verschiedenen Gifte präparieren und mischen solle; ferner die Angaben, welche Wirkungen und Erscheinungen sie hervorrufen und worin die Antidota bestehen, so dass der Arzt, wenn er die Krankheitserscheinungen sah, aus denselben das Gift erkennen und das entsprechende Gegenmittel verabfolgen konnte. Als man jedoch mit diesen Anweisungen Missbrauch getrieben und der beschriebenen Gifte sich zur Tödtung von Menschen bedient, habe König Chiskija das Buch der Öffentlichkeit entzogen". „Zu einer solch ausführlichen Auseinandersetzung sehe ich mich," fährt Maimuni fort, „veranlasst wegen der herrschen-

---

[1]) Mischnakomm. Joma VIII, 5.
[2]) Mischnakomm. Pesachim IV, 10.

den Meinung, König Salomo habe dies Buch verfasst und jeder Kranke, der die darin enthaltenen Vorschriften befolgte, sei gesund geworden; deshalb habe König Chiskija das Buch verboten, weil er die Leute auf das Buch und nicht auf Gott vertrauen sah. Das Falsche und Widersinnige einer solchen Annahme ist leicht einzusehen. Es kann Derartiges dem Thörichtesten in der Menge nicht zugemutet werden, um so weniger dem Könige Chiskija und seinem Rate, welcher der getroffenen Verfügung zugestimmt. Denn nach dieser unüberlegten und widersinnigen Meinung müsste jeder Hungrige, der Brot isst und so Heilung von der schweren Krankheit des Hungers findet, des Gottvertrauens bar sein. Aber wir rufen jenen Leuten zu: Ihr Thoren, wie wir Gott beim Essen dafür danken, dass er Dinge hervorgebracht hat, die unseren Hunger stillen, damit wir leben und bestehen können, so danken wir ihm nicht minder dafür, dass er uns Heilmittel für unsere Krankheiten finden liess. Ich hätte," schliesst Maimuni diese schöne Auseinandersetzung, „diese thörichte Ansicht gar nicht widerlegt, wenn sie sich nicht einer allgemeinen Verbreitung erfreuen würde."

Es ist also nicht blos gestattet, sondern geradezu Pflicht, sich natürlicher Arzneimittel zu bedienen, verboten ist nur die dem Verstande und der Vernunft widersprechende Heilung durch Talismane. Maimuni kann selbst auf die durch vermeintliche Erfahrung erprobte Wirkung derselben kein Gewicht legen, da sie seiner ganzen Anschauung nach trügerisch sind. Sind solche Talismane unter der Influenz der Sterne angefertigt [1]), so sind sie nicht nur wertlos, sondern ihre Anwendung, wie wir gesehen, auch götzendienerisch; aber ebenso wertlos sind sie, falls sie mit vermeintlichen Gottesnamen [2]) beschrieben sind [3]). Maimuni verbietet daher, den Kindern

---

[1]) Cfr. Mischnakomm. Pesachim, das.; Aboda-zarah III, 1, 3—4; IV, 7. More III, 29. 37. Über die Bedeutung der Amulette s. Schindler, Der Aberglaube etc. S. 126: „Das Amulett hatte in seiner früheren Bedeutung die Aufgabe durch das Metall, aus dem es gefertigt, oder das Papier, dem die Influenz des Metalls durch sein Zeichen mitgeteilt war, durch die Mitwirkung der engelischen Kraft, durch die beigegebenen Zeichen und Gottesnamen die vereinte Kraft aller dieser Agentien dem Träger mitzuteilen." Über die Ansicht des Paracelsus' s. das. S. 125 Anm., über die Agrippas von Nettesheim ib. S. 123 Anm.

[2]) Über die Verwendung von Amuletten mit griechischen und hebräischen Gottesnamen und Zeichen in der Medizin s. Sprengel, a. a. O. II. 218.

[3]) Mischnakomm. Sabb. VI, 2 gestattet Maimuni eine erprobte Kamea (Kamea) zu tragen. Soll dies nicht mit der ganzen Anschauungsweise Mai-

Amulette umzuhängen, die aus Silberblechen, auf denen der 91. Psalm eingraviert ist, bestehen [1]), und ebenso jeglichen Gebrauch von Bibelversen in einer Weise, dass der Schein erzeugt werde, als sei den Buchstaben eine geheimnisvolle Kraft eigen [2]). Dass er den amulettartigen Gebrauch der Mesusa strengstens verpönt, haben wir bereits bei der Besprechung der Gottesnamen erwähnt. Er schliesst sich in allen derartigen Fragen der strengsten und entschiedensten Verurteilung jeglichen Aberglaubens an und lässt sich auf keinerlei Unterscheidungen ein [3]). Die Krankheit ist eine Störung natürlicher Funktionen, sie muss daher durch Anwendung natürlicher Mittel behoben werden. Finden wir trotzdem in seinem Apothekerschatze Medikamente, die sich uns als unwirksame Sympathiemittel erweisen, so dürfen wir nicht vergessen, dass solche als bewährte Arzneien noch viele Jahrhunderte nach Maimuni galten, und dass er selbst zur Anwendung solcher Mittel nur veranlasst wurde durch die Autorität eines Hippokrates oder Galenus, in deren Namen er sie auch anführt [4]). In erster Reihe kommt es bei der Krankheit auf die natürliche Disposition an, die äussere Veranlassung allein genügt nicht. Weder eine allgemein herrschende Pest, noch die Verbreitung von Krankheiten beim Aufgange des Sternbildes des Hundes (Sirius') kann den Einzelnen affizieren, wenn seine Körperbeschaffenheit zur Aufnahme des Krankheitsstoffes nicht geeignet ist [5]).

Ist also für natürliche Krankheiten eine natürliche Aufnahmsfähigkeit notwendig, so kann von einer magischen Krankheitserzeugung durch bösen Blick schon ganz und gar nicht die Rede sein. Maimuni schenkt den verschiedenen dieses Thema berührenden Erzählungen im Talmud [6]) umso weniger Beachtung, da sie meist dem Gebiete der Agada angehören, und selbst dort [7]), wo er Gelegen-

---

munis in Widerspruch stehen, so müssen wir darunter nur eine קמיעא של עיקרין, ein heilbringendes Kräuterbündel verstehen, welches auch sonst schlechtweg als Kamea (T. b. Kidd. 73b, dagegen heisst hier eine geschriebene Kamea פיתקא) bezeichnet wird.

1) Kobez, I, 3a, col. 2.
2) Kobez, das., ferner II, 16a., col. 2.
3) Hilch. Akkum c. XI, § 12. Voss. De idolatria, p. 157 § 14; cfr. Jore-Dea c. 179.
4) Pirke-Mosche p. 43d—44b.
5) Das. p. 10a col. 1.
6) T. b. Baba-mez. 84a, 107b; Sanhedrin 100a; cfr. Brecher, l. c. p. 181 ff.
7) Mischnakomm. Joma II, 1, wo er einfach registriert, dass es nicht gestattet ist, Israel zu zählen.

heit hatte, sich näher darüber auszusprechen, thut er es nicht, weil seiner innersten Überzeugung nach eine solche Krankheitsursache nicht vorhanden sein kann. Dabei mögen ihm wohl mehr als einmal Krankheiten vorgekommen sein, als deren vermeintliche Ursache der böse Blick angesehen wurde, da dieser in noch höherem Masse, als es im Talmud der Fall ist, von den Arabern gefürchtet wurde [1]). Der einzige Fall, in welchem Maimuni die Wirksamkeit des bösen Blicks anerkennt, gehört nicht in das Gebiet der Medizin, sondern in das der Ethik. Der böse Blick der Missgunst, des sich selbst verzehrenden Neids schwächt den Menschen, bringt ihm Krankheit und frühzeitigen Tod. [2]) Aus diesem Grunde, um nämlich keinen Neid zu erregen, sollen die Fenster von Nachbarn einander nicht gegenüberliegen, so dass nicht der eine alle Vorgänge im Hause des andern betrachten könne; und ebenso ist es bloss eine ethische Vorschrift, eines Fremden Saatfeld, wenn es in voller Reife steht, nicht zu betrachten, um nicht zu Neid und Missgunst angeregt zu werden. [3])

## Schluss.

Wir sind am Ende unserer Abhandlung angelangt. Aus der ganzen Untersuchung ergiebt sich, dass Maimuni mit wohlberechneter Absicht gegen jegliche, psychologisch an sich erklärliche oder geschichtlich gewordene, superstitiöse Anschauung und Handlung entschieden auftrat, und dass er dazu durch innere, in seinem philo-

---

[1]) **Kremer**, Kulturgeschichte, II. S. 253—255: „Am meisten fürchtete man das böse Auge, den bösen Blick, ein Aberglaube, der bis jetzt sich erhalten hat . . . Man schrieb demselben eine vernichtende Kraft zu. So erzählt ein späterer Schriftsteller, dass ein Mann durch seinen bösen Blick eine zahlreiche Flotte vernichtet habe. Dass Menschen und Tiere dadurch getödtet werden konnten, galt als unbezweifelt" . . . Auch bei den Römern und Griechen war der böse Blick gefürchtet, vgl. Jahn, Über den Aberglauben des bösen Blickes bei den Alten, in den Berichten der Königl. sächsisch. Gesellschaft der Wissensch. zu Leipzig 1854; s. auch **Schindler**, Der Aberglaube des Mittelalters S. 163.
[2]) Mischnakomm. Pirke Abot, II, 16.
[3]) Hilch. Sch'chenim, II, 16; Kobez I, 12a. col. 1, cfr. Talm. b. Bababathra 2b. Wie anders lautet die Begründung, nicht das ährenreiche Feld zu betrachten, damit nicht Neid ins Herz sich schleiche, als die abergläubische Furcht, man könnte das Getreide vom Felde zu sich herüber zaubern, was seit den Zeiten der Römer das ganze Mittelalter hindurch geglaubt wurde, s. **Soldan-Heppe**, Gesch. d. Hexenprozesse, I. S. 57; **Schindler**, a. a. O. S. 50.

sophischen Systeme begründete Überzeugung gezwungen war. Auf der einen Seite ist seine Polemik gegen den Aberglauben das Resultat philosophischer Forschung, auf der andern nicht minder gestützt durch ein tief religiöses Gefühl und eine richtige Erkenntnis altjüdischer Lehren. Es reichen sich bei ihm Glauben und Wissen, Philosophie und Religion die Hand zur gemeinsamen Bekämpfung des das religiöse Gefühl schädigenden und der Vernunft hohnsprechenden Aberglaubens. Maimunis tiefe Religiosität, seine hohe Sittlichkeit, sein umfassendes Wissen und seine klare Einsicht befähigten ihn besonders gegen das ererbte, festwurzelnde Übel die geeigneten Waffen zu führen [1]). Seine Beweisgründe, wie wir sie vorzuführen versucht haben, sind klar, einleuchtend, so wahr und beredt, dass es ihm, wie es in Bezug auf Anthropomorphismen wohl zum Teil der Fall gewesen, hätte gelingen müssen, alle abergläubischen Vorstellungen aus dem Herzen und aus dem Sinne jedes Religiösen und Denkenden zu bannen. Allein gerade die entgegengesetzte Erscheinung trat ein. Wir sehen, dass die erschreckendsten Auswüchse des Aberglaubens erst nach Maimunis Bekämpfung desselben sich gebildet und unter seinen Glaubensgenossen Anhang gefunden. Es sei gestattet, noch in aller Kürze die Ursache dieser Folgeerscheinung

---

[1]) Nur die Vereinigung von Glauben und Wissen kann die Schatten des Aberglaubens zerstreuen. So äussert sich auch hierüber Pfleiderer (Theorie des Aberglaubens S. 34—35): „Ist der Aberglaube eine falsche Beziehung des Sinnlichen auf das Übersinnliche, so muss man ihm von beiden Seiten beikommen: vom richtigen Wissen über die Sinnenwelt und vom richtigen, sittlich normalen Glauben an das Übersinnliche. Keines von beiden wird für sich allein ausreichen: der Glaube nicht, weil er ohne das Wissen in Gefahr steht, selber zum Aberglauben zu werden; aber auch das Wissen für sich allein nicht, weil es ohne den Glauben das Übersinnliche vergisst und damit nicht nur sich selbst des idealen Stachels zu fortschreitender Selbstvertiefung beraubt, sondern auch namentlich Gefühl und Wille des Menschen unangebaut lässt — ein offenstehendes Saatfeld für das Unkraut der zerstörenden Mächte. Wie sehr das herz- und glaubenslose Wissen einer abstrakten Verstandeskultur gerade auch wieder dem tollsten Aberglauben den Boden bereitet, bestätigt manche Epoche der alten und neuen Kulturgeschichte, in der wir mit dem frechen Unglauben einer blasierten Verständigkeit zugleich den tollsten Aberglauben einer erhitzten Phantasie wuchern sehen. Die Extreme berühren sich; Gemüt und Phantasie des Menschen wollen nun einmal ebensogut ihre Nahrung wie der Verstand, erhalten sie also keine gesunde, so greifen sie eben nach Gift. Nicht besser also wird dem Aberglauben zu steuern sein als so, dass Glauben und Wissen sich wider ihn möglichst innig verbinden, der Glaube immer mehr ein wissender und das Wissen ein glaubendes, von Ideen durchgeistetes, auf Ideale gerichtetes werde."

zu besprechen. Wenn Theosophie und Mystik gerade in der Zeit nach Maimonides einen ungeahnten Aufschwung nahmen und mit ihnen eben auch die verschiedenen Zweige des Aberglaubens, so liegt der Grund hierfür einerseits in der allgemeinen Zeitrichtung, die stärker sich geltend machte als das ungehört verhallende Wort des e i n e n grossen Lehrers, andererseits und ganz besonders in der sich verschlechternden äusseren Lage der Juden. Hatte das allgemeine Elend im späteren Mittelalter und mit der beginnenden Neuzeit bei fast allen Völkern die grosse Menge vielfach dahin geführt, das brennende Verlangen nach Änderung des Zustandes und die ungestillte Sehnsucht nach Besserung durch Abenteuerliches und Wunderbares zu befriedigen[1]), reiche Glücksgüter, die ein hartes Geschick versagt, im Bunde mit dem Teufel zu erlangen zu suchen, so wirkten solche Verhältnisse noch viel stärker auf die Juden. Unter ihnen entbrannte auch bald nach Maimunis Tod ein heftiger Kampf um dessen Schriften. Den Anhängern des grossen Denkers, die, gleich ihrem Meister, der Vernunft auf dem Gebiete der Religion die Herrschaft über alle Phantasiegebilde und alle Mystik zu verschaffen suchten, standen Männer gegenüber, welche das Talmudstudium allein gepflegt wissen wollten, die aber zugleich mittelbar beeinflusst von halb neuplatonischer Mystik es schliesslich durchsetzten, dass die Lektüre von Maimunis Schriften vor dem fünfund-

---

[1]) „Was suchten die Menschen des Mittelalters bei solchen wüsten Orgien (des Hexensabbats)? Dieses klägliche und anhaltende Sehnen und Verlangen nach den Mysterien einer phantastischen Welt ist allein ein hinreichender Beleg für das bodenlose Elend jener barbarischen Zeiten. Diejenigen, welche glauben und hoffen, jedoch in ihrem Glauben das Glück nicht finden, flüchten sich vermittels der Ekstase und Vision in die Seligkeiten und reinen Wonniglichkeiten des Himmels. Die, welche zweifeln, lästern und leiden, welchen das tägliche Brot mangelt, dass Gott denen, so ihn darum bitten, nicht immer giebt, die mit verbrecherischen Gedanken umgehenden Bösen, die von absonderlichen Gelüsten affizierten Seelen versteigen sich ebenfalls in unbekannte Regionen, aber nach dem andern Pol sich hinwendend, und die Geächteten des Mittelalters begehren von den Geächteten des Abgrundes die verdammten Glücksgüter, welche die Welt ihnen verweigert, die sträflichen Genüsse, die sie nicht wagen würden von Gott zu erbitten. Daher eine doppelte Ekstase, eine doppelte Vision, die sich, die eine im Himmel, die andere auf dem Sabbat verwirklicht. Und ist es zu verwundern, dass in einer Zeit, wo die Geistlichkeit alles in kirchlichen Wunderkräften aufgehen lässt, die wundersüchtigen Menschen zu anderen Geheimkräften ihre Zuflucht nehmen, wenn jene ohne die erwartete Wirkung bleiben!" E. Koloff, L e b e n u n d W i r k e n d e s T e u f e l s. In R a u m e r s, Historisches Taschenbuch. Fünfte Folge. Zweiter Jahrgang Leipzig, 1872. S. 164.

zwanzigsten Lebensjahre verboten wurde. Die rein verstandesmässige Richtung der maimunischen Philosophie hatte eine mächtige Reaktion hervorgerufen: je entschiedener Maimuni jede Schwärmerei bekämpft hatte, um so eifriger und liebevoller wurde von den Gelehrten der anderen Richtung jetzt die Theosophie und Mystik gepflegt und gehegt. So kam es, dass gerade in dem Jahrhunderte nach dem Tode des grossen Philosophen die Kabbala zu ihrer üppigsten Entfaltung gelangte. Es war gewissermassen der Abschluss der ältern, neuplatonischen Richtung, die gerade unter dem Ansturme des durch Maimonides vertretenen Aristotelismus neu erstarkte und um so kräftiger sich entwickelte.

Allein dazumal war die Kabbala noch, wenigstens im vollen Umfange, lediglich Eigentum der Gelehrten, ins Volk drang sie erfolgreich erst ein, als die äusseren Verhältnisse der Juden immer drückender und unerträglicher wurden. Von Land zu Land gehetzt und verfolgt, durch eine drückende Ausnahmegesetzgebung eingeschränkt und zu Parias herabgewürdigt, der Verachtung und dem Hohne aller schutzlos preisgegeben, in steter Furcht vor neuen Gefahren und Leiden lebend, wandten sie ihren Sinn dem Übersinnlichen und Unbegreiflichen zu, versenkten sich in die Lektüre der mystischen Litteratur, um dem nach etwas Höherem strebenden Geist, der nach Freiheit sich sehnenden Brust Befriedigung und Beruhigung zu schaffen. Alsbald machten sich die Folgen bemerkbar. In vielen Lebensgewohnheiten, in der Bethätigung religiöser Vorschriften, bei freudigen und traurigen Anlässen machten sich mystisch-kabbalistische Bräuche geltend, und alle Zweige des Aberglaubens erfreuten sich liebevoller Pflege. Wenn aber trotzdem der Aberglaube es nicht vermocht hatte, tiefer in das Leben einzudringen, seinen innersten Kern ganz zu zerstören, den Glauben und die Ideale des Judentums zu trüben, so ist es doch zum grossen Teil das Verdienst Maimunis, dessen Anschauungen sich allmählich wieder in späterer Zeit, als der Druck in manchen Ländern leichter wurde, Bahn brachen und wieder auferstehend Licht und Aufklärung verbreiteten. Der gesunde, frische Hauch, der von den Schriften Maimunis ausging, zerstreute schliesslich die Nebel der Mystik und wirkte heilsam noch nach Jahrhunderten, reinigend und befreiend auf die Geister, so dass sie, als die neue Zeit der Denk- und Glaubensfreiheit anbrach, die alten Vorurteile allmählich mitüberwinden halfen.